レシピなしでおいしく作れるようになる

誰でも1回で味が決まるロジカル調理

［監修］
前田量子
管理栄養士

主婦の友社

センスも勘も関係ない！
調理を科学で考えると、
料理は誰でもうまくなる

料理がおいしくできない、なぜか味が決まらない、料理に自信がない……
そんなもやもやした気持ちを抱えていませんか？
本やスマホのレシピを真似して作っても、上手にできないとしたら、それはあなたのせいではありません。本当に必要な基本的なコツや知識が、レシピに書ききれていないからです。
そしてそのコツは、科学にもとづいています。
たとえば、野菜をゆでるとき、水からゆでる？　お湯からゆでる？　それぞれにきちんと科学的な裏づけがあります。たとえば、だれもがおいしいと感じる塩分濃度は？　答えは約1％。それにも生理学的な理由がちゃんとあるのです。

この、料理にまつわる科学的な裏づけや理由を系統的にまとめたものは、「調理学」または「調理科学」と呼ばれ、ひとつの学問になっています。管理栄養士にとってこれは、国家試験の必修科目。しかしながら、今までなぜかその情報は、一般に広がることがありませんでした。

この本では、家庭でよく作る人気のメニューを、作り方の順を追いながら、「なぜ？」「どうして？」を、調理の科学とともに徹底解説。料理の作り方と理論が同時に身につくようになっています。

文法がわかれば英語は上達する。楽譜が読めればピアノはうまくなる。料理も同じです。この本で、料理の文法や公式を知ってください。そしてわかったら、あとは作る＝トレーニングあるのみ。
理論を理解して作る。
これだけであなたの料理の偏差値は、飛躍的に上がります。

[監修]　**前田量子** 管理栄養士

CONTENTS 目次

はじめに 002
料理上手になるための、調理道具選び 004
料理上手になるための、調味料選び 006

調理の科学で解説する料理のレッスン

① 焼く 009

case study #001 豚のしょうが焼き 010
　副菜・オニオンスライス 012
　副菜・小松菜とパプリカのカラフルスープ 013
case study #002 照り焼きチキン 014
　副菜・ピーマンとじゃこの炒め物 016
　副菜・もずく酢 017
case study #003 煮込みハンバーグ 018
　副菜・ブロッコリーのガーリックオイルがけ 020
　副菜・ツナクリーム入りトマトカップ 021
case study #004 鮭のムニエル 022
　副菜・アボカドチーズ焼き 024
　副菜・ひじきとトマトのサラダ 024
　主菜・ワンポットクリームパスタ 024

② 煮る 025

case study #005 肉じゃが 026
　主菜・鮭のちゃんちゃん風 028
　主菜・かつおのたたき 029
case study #006 ひじきの煮物 030
case study #007 青菜の煮びたし 032
case study #008 さばのみそ煮 034
　副菜・豆腐とあおさのこぶ茶 036
　副菜・がんもと青菜のおろしあえ 037
case study #009 鶏手羽のトマト煮 038
　副菜・ズッキーニのチーズ焼き 040
　副菜・海藻のサラダ玉ねぎドレッシング 041
case study #010 みそ汁 042
　だしの基本のとり方 044

③ 炒める 045

case study #011 肉野菜炒め 046
　副菜・わけぎとまぐろのぬた 048
　副菜・さば缶とトマトソースのチーズ焼き 049
case study #012 卵と豚肉ときくらげの炒め物 050
case study #013 マーボー豆腐 052
　副菜・チンゲン菜のにんにく炒め 054
　副菜・絹さやの中華卵スープ 055
case study #014 チャーハン 056
　副菜・モロヘイヤとコーンのスープ 058
　副菜・わかめの香味油かけ 059

case study #015 きんぴらごぼう 060
　主菜・鮭の野菜あんかけ 062
　主菜・油揚げの卵とじ丼 062
　主菜・ベーコン入りスクランブルエッグ 062

④ 揚げる 063

case study #016 鶏のから揚げ 064
　副菜・香菜とセロリのナンプラードレッシング 066
　副菜・スナップえんどうのスープ煮 067
case study #017 フライドポテト＆
　　　　　　　　野菜のフリット 068

⑤ 生野菜調理 071

case study #018 きゅうりとわかめの酢の物 072
case study #019 グリーンサラダ 074
　葉物野菜を状態よくもたせる保存法 076

⑥ ゆでる・番外編 077

case study #020 ポテトサラダ 078
　主菜・湯豆腐 080
　主菜・鮭のアーモンドフライ 081
case study #021 ほうれん草のおひたし 082
case study #022 ブロッコリーの塩ゆで 084
case study #023 ゆで鶏バンバンジー 086
　副菜・わかめとねぎのスープ 088
　副菜・しらすおろし 089
case study #024 番外編・マカロニグラタン 090
　副菜・三つ葉のナムル 092
　副菜・トマトのサラダ、にんじんドレッシング 093
case study #025 番外編・
　　　　　　　　カルボナーラスパゲッティ 094
　副菜・油揚げとキャベツのサラダ 096
　副菜・ピーマンのみそマヨサラダ 096
　副菜・あぶり鮭のからしマヨ 096

⑦ 覚えてスキルアップ・料理の基本 097

材料の切り方 098
調味料のはかり方 102
献立の考え方 104
とくに覚えておきたい
調理の基本・コツの科学 106
おもな調味料などの重量換算表 110
おもな調味料などの塩分量の目安 111

料理上手になるための、調理道具選び

調理道具はデザインや機能などで選びがちですが、使用の目的で考えると、必要なもの、そうでないものがよくわかります。

切る・おろす

切ることは、食品の食べない部分を除き、形や大きさを整える操作。食材の食感がよくなる、食材の表面積が広がって火が通りやすくなる、味がしみやすくなる。おろすことは、組織を破壊してペースト状などにする操作で、味や成分が混ぜやすくなる。

【包丁】
一般に「三徳包丁」と呼ばれるサイズのもので、ほとんどの料理に対応。材質はステンレスまたはセラミックが錆びずに手入れがラク。

【まな板】
材質は木、樹脂製など好みでいいが、キズや汚れがつきにくく、包丁があたってちょうどいいかたさが必要。細菌が繁殖しやすいので、使用後はよく洗って、乾燥させること。

【すりおろし器】
しょうがやにんにくなどのすりおろしに使用。材質はセラミック、金属製など好みで。

下ごしらえなど

混ぜる、ろ過する、材料を一時的に置くなどの調理道具。素材はステンレスが一般的で、軽くてキズや破損にも強く扱いやすい。

【ボウル】
大きさは大・中・小など何種類かあると調理によって使い分けられて便利。材質はステンレスが軽くていいが、電子レンジには使用不可。ガラス製は電子レンジに使用可能だが、重いのが難点。

【バット（網つき）】
おもに、材料や調理途中のもの、でき上がりを一時置くときに使用。揚げ物をとり出して油をきるのにも使えるよう、網つきバットが便利。

【ざる】
洗ったりゆでたりした食材の水きり、だしを濾す（固形物と液体を分離する）などに使用。調理に合わせて大・中・小とあると便利。

はかる

調理を合理的に考え、効率的に進めるために、計量は重要である。このほか、時間を計測するのにキッチンタイマーがあるといいが、時計や携帯のアラーム機能でもいい。

【計量スプーン】
材料を容量ではかる。おもに少量の液体、少量の粉末に使用。大さじ1は15mℓ、小さじ1は5mℓ。最近では大さじ½や小さじ½などの計量スプーンもあるので、持っていれば便利。

【計量カップ】
材料を容量ではかる。おもに液体をはかるのに使用。目盛りがある程度細かく、見やすいものがいい。

加熱する

加熱料理にはさまざまな種類があるので、調理に合ったもの、大きさ選ぶといい。

【 フライパン 】
できれば口径20cmほどの小さめのものと、口径24〜26cmの大きめのものの2種類があると、材料の大きさや量によって使い分けることができて便利。フライパンは焼く、炒める目的で使うことが多いが、深さがあるものは煮る、ゆでるなどにも使用可能。口径に合わせたふたがあるといい。

【 鍋 】
煮る、ゆでる、揚げるなどの調理に使用。調理には、食材の大きさと量に合わせた大きさが大切。さらに材質による熱伝導率も考えて選ぶとなおいい。この本では、葉物をゆでる大鍋（口径28cm・アルミ製）、肉じゃがなどの煮物に鋳物鍋（口径18cm）、そのほかは口径16〜18cmの鍋（ステンレスまたはアルミ製）を使用。

混ぜる・とり出す

調理中に材料を混ぜる、裏返す、とり出す、すくうなどに使う道具。以下に紹介したもののほか、かたまり肉などの厚みや重さがある材料を動かすのには、トングが便利。鍋の中で材料を混ぜる、つぶすなどは、木べら、ゴムべらがあるといい。

【 箸 】
菜箸は先が丸いものが多く、つかみにくいので、木製のとり箸などで兼用していい。

【 ターナー 】
一般にフライ返しと呼ばれる。材料をひっくり返すのに使う。

【 お玉 】
みそ汁などの汁物、煮物をすくうなどに使用。

【 泡立て器 】
材料を攪拌、均一によく混ぜるときに使用。泡立てる必要がない場合は、製菓用の大きな泡立て器より小さいもののほうが使いやすい。

【 キッチンスケール 】
材料を重量ではかる。デジタル式のキッチンスケールが正確。スーパーの調理器具売り場、ネット通販などで手頃な価格で購入できる。

【 料理用温度計 】
調理において温度は非常に重要。とくに揚げ物は温度管理が難しいので、油の温度をはかって作ることをおすすめする。デジタル式の料理用温度計は、測定範囲が−50℃から250℃と広く、使いやすい。スーパーの調理器具売り場、ネット通販などで手頃な価格で購入できる。

料理上手になるための、調味料選び

この本で使っている調味料を、よく使う順に掲載しています。
料理を作る前に持っているかどうかチェックしてみましょう。

CHECK LIST

調味料名	目的	チェック
塩	塩味	
こしょう	香り、辛み	
しょうゆ	塩味・うまみ	
酒	風味	
みりん	甘み	
みそ	塩味・香り	
サラダ油	油脂	
砂糖	甘み	
酢	酸味	
だし (だしパックまたはだしの素可)	うまみ	
片栗粉	とろみ	
小麦粉 (薄力粉)	とろみ、衣	
ごま油	油脂　香り	
オリーブ油	油脂　香り	
マヨネーズ	酸味	

【塩】
塩は大きく分けて、サラサラとしっとりの2つのタイプがあるが、好みでいい。

【こしょう】
白こしょう、黒こしょう、黒粗びきこしょうがある。好みによって、または料理により使い分けるといい。

【みりん】
本みりん、みりん風調味料があるが、この本では本みりんを使用。

【酒】
この本では、清酒を使用。料理酒は、酒に塩が加えられている場合が多いので使う場合は塩分濃度に注意。

【 油 】
油は原料の種類によって成分が違うため、香り、栄養価などが異なる。サラダ油は価格が手ごろで、クセがない。写真はオリーブ油。色は緑色で、香りとほのかな苦みが特徴で、洋風料理に合う。

【 しょうゆ 】
この本では、濃口しょうゆ(一般的なしょうゆ)を使用。薄口しょうゆ(色が薄く塩分濃度が高い)、たまりじょうゆ(色が濃く塩分濃度が低い)、減塩タイプのしょうゆなどを使う場合は量を調整して使って。

調味料名	目的	チェック
豆板醤	辛み	
トマトケチャップ	甘み　酸味	
中濃ソース	甘み　酸味	
中華スープの素(顆粒)	うまみ　塩味	
コンソメスープの素(顆粒)	うまみ　塩味	
オイスターソース	うまみ　甘み　塩味	
テンメンジャン	甘み	
白ワイン	風味	
はちみつ	甘み	
粒マスタード	酸味　辛み	
チーマージャン(練りごま)	ごまの味つけ	
ラー油	油脂　辛み	
赤唐辛子	辛み	
市販のビーフシチュールウ	とろみ　デミグラスソース風の味つけ	
市販のトマトソース	トマト味	

【 みそ 】
みそは米みそ、麦みそ、豆みそと材料や地域によって味わいが異なる。好みのもの、手持ちのものでいい。

【 酢 】
この本では米酢、または穀物酢を使用。りんご酢は酸味がやわらか、ワインビネガーは酸味が強いので、使う場合は量を調節して。

【 マヨネーズ 】
一般的な手に入りやすいものでOK。

【 小麦粉 】
たんぱく質の含有量によって、薄力粉、中力粉、強力粉とあるが、料理ではたんぱく質の少ない薄力粉を一般的に使用。

いつもの料理のコツやレシピのなぜ？
がよくわかる

調理の科学で解説する料理のレッスン

いよいよ実践編です。家庭でよく作る料理を選び、焼く、煮る、ゆでるなど調理法別に分類しています。
さて、ここからが従来のレシピ本とは違うところ。各料理では、まず、おいしいでき上がりの目標を設定。そのためにどうすればいいのかを、科学的に考えて解説しています。さらに、プロセス写真で順を追って作り方を解説することで、料理を作りながら、理論も一緒に身につきます。

case study #001 **豚のしょうが焼き** ⇒ 薄切り肉をおいしく焼く
case study #002 **照り焼きチキン** ⇒ 厚めの肉（鶏肉）をジューシーに焼く
case study #003 **煮込みハンバーグ** ⇒ 初心者でも失敗しないふっくらハンバーグ
case study #004 **鮭のムニエル** ⇒ 魚をパサつかせずにしっとり焼く

焼く ①

case study #001

豚のしょうが焼き

薄切り肉をおいしく焼くのがミッション。食卓に上る回数が多いおかずだからこそ、ふっくらやわらかく焼き上げるコツをマスターしてください。

仕上げmemo

つけ合わせ用野菜と盛り合わせる。ここでは、せん切りキャベツ＆ミニトマト。ほかに野菜は、ちぎったレタス、サラダ菜、ベビーリーフ、食べやすく切ったトマトやきゅうりなどがよく合う。

目標: おいしいでき上がり

TO GO! 1 肉がやわらかく、ジューシーな仕上がり

TO GO! 2 焼きムラなく肉に火が通る

TO GO! 3 味が決まり、よくからむ

おいしさの公式:

たれなどの下味につけ込まない ＋ **焼けた肉をとり出さない** ＋ **1:1:1（しょうゆ・みりん・酒）と覚えて**

しょうが焼きの作り方には、**たれにつけ込んで焼く方法もあるが、たれに塩分があるため浸透圧によって肉の水分が奪われ、かたく、パサついたでき上がりに**なりがち。やわらかくジューシーに仕上げるには、**たれにつけ込むのは厳禁**。焼いてから**調味料をからめるだけで味は十分**につき、焦げにくいので加熱中も安心。

大きなフライパンでも、肉を広げて並べるのは3枚ほどが限度。焼けたものをとり出すと、冷めてかたくなってしまうので、**フライパンの中で、先に焼けたものを、あとから焼く肉の上にどんどん重ねていく。肉は低温（80〜85℃）の蒸し焼きにより保温状態になる**ため、焼きムラは解消され、肉もかたくなりにくい。

しょうが焼きの調味料の割合は、しょうゆ：みりん：酒＝1：1：1。肉250gの場合各大さじ1にすると、**塩分濃度1％で味が決まる**。調味料を加熱中に加えると、フライパンが熱すぎて、調味料がすぐに蒸発してしまうため、味ムラや焦げの原因に。火を止めてから加え、混ぜてから再び火にかけ、味をからめて。

1 焼く
2 煮る
3 炒める
4 揚げる
5 生野菜調理
6 ゆでる・番外編
7 料理の基本

材料: 2人分

| 豚肩ロース薄切り肉（しょうが焼き用） | 250g |

しょうが焼きには豚ロースが定番だが、肩ロースを使用。赤身に脂が網目状に広がっていて、ロースよりもコクがある味わいになる。しょうが焼き用の肉は少し厚めにスライスされているため、薄切り肉よりジューシーでかたくなりにくい。

| しょうが汁 | 2かけ分 |

しょうが20gを皮ごとすりおろして、しぼり汁のみを使用

表面が汚くならないよう、ここではしょうがのしぼり汁にしたが、気にならなければ、しょうがすりおろし10gに変更可。

| サラダ油 | 小さじ2 |

A
しょうゆ	大さじ1
みりん	大さじ1
酒	大さじ1

（混ぜる）

豚のしょうが焼き

作り方：

1 油を入れて予熱。フライパンの片側に肉を1枚広げて入れる

 強めの中火　予熱1分

手前をあけて、奥側から焼くとやりやすい

油を入れて火にかけ、一カ所にかたまっていた油がさらさらとしてきたら、予熱完了。肉は必ず広げて、**フライパンの中央ではなく、片側で焼き始めるのがコツ**。

2 肉の色が変わったら裏返す、と同時に、次の肉を広げて入れる

強めの中火　片面20〜30秒

奥側・先に焼いた肉。ひっくり返して、裏面焼き中

手前側・新しく入れた肉

肉を入れるタイミングがとっても大切！ **先に入れた肉をひっくり返したらすぐに新しい肉を入れる**。これでほぼ同じ焼き時間でコントロールできる。片面20〜30秒焼く。

栄養バランスのいい副菜：オニオンスライス（2人分）

玉ねぎの香り成分が、豚肉に豊富なビタミンB_1の吸収を促進

1. 玉ねぎ中1個は、繊維に直角に薄切りにし、水にさらす。
2. 水けをきって器に盛り、削り節小1袋分をのせ、ポン酢しょうゆ小さじ1をかける。（松本）

3 あとから入れた肉をひっくり返した上に、焼けた肉を重ねる。あいたところに新しい肉を入れる

🔥 強めの中火　⏱ 片面20〜30秒

手前側をひっくり返した上に、奥側の肉をのせる

奥にずらして、手前にまた新しい肉を投入！

> あとから入れた肉をひっくり返すタイミングで、先に焼けた肉をタワーのように重ねていく。小さなフライパンでも、とり出さずに肉を何枚でも焼くことが可能。重なっている部分は、蒸し焼きの状態なので、しっかり火は通るが、かたくない仕上がりが実現。

4 火を止め、Aの調味料、しょうが汁を加える。よく混ぜ、再び火にかけて煮詰める

🔥 火を止める⇒強めの中火　⏱ ざっと混ぜる⇒1分

> 調味料は、必ず火を止めてから加える。加熱による調味料の蒸発がないので、味が全体にからまない、焦げるという失敗を免れる。全体になじむまで混ぜたあと、再び火にかけ、あとは好みの濃度まで煮つめればOK。

栄養バランスのいい副菜：小松菜とパプリカのカラフルスープ （2人分）

緑黄色野菜は美肌に欠かせないビタミンCやβ-カロテンが豊富

1. 小松菜½株は3cm長さに切る。パプリカ（赤・黄）各⅛個は薄切りにする。
2. 鍋にコンソメスープの素（顆粒）小さじ½、水1カップを入れて火にかけ、煮立ったら1の小松菜、パプリカを加える。
3. 火が通ったら塩、こしょう各少々で味をととのえる。（牧野）

case study #002
照り焼きチキン

鶏肉1枚など厚めの肉を焼くコツをご紹介。料理初心者は照り焼きにすると味が決まりやすく、しっとり仕上がり、成功しやすい。

仕上げmemo

つけ合わせと盛り合わせる。ここでは、ひと口大に切ったピーマン、半月切りのれんこんをサラダ油で炒めて塩、こしょう各少々をふったもの。ほかにアスパラガス、パプリカ、もやしでも。

目標： おいしいでき上がり

TO GO! 1 均一に火が通る

TO GO! 2 焼きムラがなく、ジューシーな仕上がり

TO GO! 3 味がしっかりと決まる

おいしさの公式：

鶏肉の厚みはできるだけ均一に ＋ 蒸し焼きで、5分＋2分＋2分 ＋ 1：1：1（しょうゆ　みりん　酒）が基本

鶏のもも肉の身は、厚い部分とそうでないところがある。だから、そのまま焼くと生焼けになりやすいなど、焼きムラの原因に。**厚い部分は観音開き（厚みに包丁を半分ほど入れ、左右に開く）にして薄くすること**で、厚みを均一にすれば解決。

鶏肉は火が通るのに時間がかかるため、**蒸し焼きにすることで水分の蒸発を防止。ジューシーに仕上げることができる**。また、皮目を下にして入れ5分、裏返して2分、調味料を混ぜたたれを入れて2分を目安に焼く。最後にふたをとり、たれを煮つめればきれいな照りが出る。

照り焼きはの基本は、しょうゆ：みりん：酒＝1：1：1。**鶏もも肉1枚（250ｇ）の場合、しょうゆ、みりん、酒各大さじ1**に水（水分蒸発分）を足す。しょうゆ大さじ1の塩分濃度は約2.5ｇなので、でき上がり塩分濃度は約1％。大きめの鶏肉の場合は、調味料の各分量をやや多めにする。

1 焼く　2 煮る　3 炒める　4 揚げる　5 生野菜調理　6 ゆでる・番外編　7 料理の基本

材料： 1〜2人分

鶏もも肉（250g）	1枚

A	しょうゆ	大さじ1
	みりん	大さじ1
	酒	大さじ1
	水	大さじ1

（混ぜる）

最後に煮つめるときに蒸発する水分を考えて、水を加えておく。

鶏肉の厚みを均一にする

白い部分は脂や筋。焼き縮みや口あたりが悪くなる原因になるため、切りとる。

身の厚い部分に、包丁を寝かせて切り込み（切り離さないように）を入れ、切り口から開く。

照り焼きチキン

作り方：

1 冷たいフライパンに皮目を下にして入れ、ふたをして5分

中火　5分

皮目を下にして入れる。すぐにふたをしてOK

5分焼いてふたをとったところ

> 熱したフライパンに入れると、熱で皮が反り返って、焼きムラが生じやすい。**冷たいフライパンから入れると、皮が密着した状態で徐々に焼け、皮目全体にきれいな焼き色がつきやすい**。鶏自身の脂が出るので、油は引かなくてOK。

2 ひっくり返してふたをして2分蒸し焼きに

中火　2分

裏返した状態。皮目にきれいな焼き色！

> **ふたをして食材の持つ水分で蒸し焼きにする**ことで、しっとり焼き上がる。鶏もも肉1枚を焼く場合は、中までしっかり火を通すので、加熱時間が長くなるため、ふたをせずに焼くとかたくなりやすい。

栄養バランスのいい副菜：ピーマンとじゃこの炒め物（2人分）

ピーマンはビタミンCの含有量が野菜の中でもトップクラス！

1. ピーマン2個は縦半分に切ってへたと種を除き、縦に細切りにする。
2. ちりめんじゃこ大さじ1はざるに入れて熱湯を回しかけ、水けをよくきる。
3. フライパンにごま油小さじ½を熱し、1を入れて手早く強火で炒める。2を加えて炒め合わせ、酒小さじ1、しょうゆ小さじ½をふって手早く炒める。（松本）

3 一度火を止め、出てきた脂を拭き、調味料を加える

🔥 火を止める

鶏肉から出た脂はしっかり拭くと、仕上がりが脂っこくならない

↓

調味料を加えるときは必ず火を止めて。 フライパンが熱い状態で加えると、調味料の水分の蒸発が早く、材料全体にゆきわたらなかったり、焦げたりの原因に。

4 再び火をつけ、ふたをして2分。ふたをとり、とろみがつくまで煮つめる

🔥 中火 ⏱ 2分＋30秒

↓

ふつふつ泡立ってきたら、鶏肉を動かして煮汁をからめて

とろみ加減は好みでいいが、目安は中火で30秒程度。**全体にふつふつと泡立って、鶏肉を動かしたときに、汁がからんでくればOK。**

栄養バランスのいい副菜：**もずく酢**（2人分）
水溶性食物繊維が豊富な海藻類で、腸内環境をととのえる

1. もずく（生）100gはよく水洗いして、水けをきり、食べやすく切る。
2. 酢大さじ2、だし小さじ2、しょうゆ小さじ1を混ぜ、**1**をあえる。
3. 器に盛り、しょうがのせん切り少々を添える。（堤）

---

1 焼く / 2 煮る / 3 炒める / 4 揚げる / 5 生野菜調理 / 6 ゆでる・番外編 / 7 料理の基本

case study #003

煮込みハンバーグ

洋食屋風の煮込みハンバーグが、家庭で手軽にできる作り方です。
ナイフを入れると肉汁があふれ出すおいしさを味わってください。

仕上げmemo

つけ合わせと盛り合わせる。ここでは、リーフレタス、ミニトマト、ポテトサラダ（P78参照）。このほかサラダ菜、ベビーリーフなどでも合う。

目標：おいしいでき上がり

TO GO! 1 ジューシーで肉汁があふれ出す

TO GO! 2 ふっくらして高さがある

TO GO! 3 中までしっかり火が通る

おいしさの公式：

塩を加えて肉をよく練る ＋ **ひき肉の5%のパン粉を入れる** ＋ **煮込みにすれば、生焼けの心配はなし**

ひき肉はバラバラしているが、塩を加えてよく練ると、肉のたんぱく質中のアクチンとミオシンが変化して、粘着力や保水性が生まれる。**本来は肉に対して塩1%**が効果的だが、ソースの塩分を考えて、ここでは0.6%の塩を加える。ボウルに肉の脂の白い膜がつくくらい、しっかりとこねるように混ぜるのがコツ。

ハンバーグは、ひき肉だけで焼くとかたく縮んで、小さくなってしまうので、玉ねぎ、卵、パン粉などの副材料を加え、ボリュームと保水性を高める。とくに、**パン粉は肉だねの水分を吸って、ふくらむ性質がある**ため、高さのある形のいいハンバーグになる。**パン粉の量は、肉の5%**が目安。

ハンバーグの**失敗の原因として多くあげられるのは、生焼けや加熱ムラ**など。同様に多いのが、逆に火を通しすぎて**パサパサでかたくなってしまう失敗**。これを簡単に解決するのが「煮込み」にすること。**火の通し具合を心配する必要がない**ので、初心者の人ほど煮込みハンバーグがおすすめ。

材料：2人分

合いびき肉	250g

加熱する間に、脂が流れ出してかたくなりやすいので、脂がしっかり入っているひき肉を選ぶといい。豚ひき肉で作ってもおいしい。

塩	1.5g ⇒ 肉の0.6%
こしょう	少々
玉ねぎ（みじん切り）	75g ⇒ 肉の30%
パン粉	13g ⇒ 肉の5%
溶き卵	25g（½個分） ⇒ 肉の10%
ソース	
トマトケチャップ	40g
中濃ソース	20g
白ワイン	大さじ1
市販のビーフシチュールウ	½かけ
しめじ	½パック
サラダ油	小さじ2

玉ねぎはみじん切り

しめじは石づきを除いて、小房に分ける

玉ねぎのみじん切りは耐熱容器に入れ、ラップをふんわりとかけ、電子レンジで3分加熱。冷めたら、パン粉、溶き卵と混ぜておく。

煮込みハンバーグ

作り方：

1
ひき肉に塩を加え、よく練り混ぜる。
玉ねぎ、パン粉、溶き卵を混ぜて小判形に成形

ボウルのふちに、肉の脂が白くべったりつくまで、こねるように混ぜる

手に油をつけて成形すると、作業がラク。焼くときに油が不要に

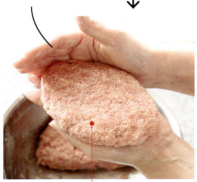

形は小判形で、手のひらと同じくらいの大きさに成形

> ひき肉に塩を加え、パンをこねるように、**力を込めて混ぜる**のがコツ。粘りが十分に出たら、玉ねぎ、パン粉、溶き卵を混ぜたものを加えさらに混ぜる。**成形するときは、焼き縮みを考えて、大きめの小判形**にすると、ちょうどいいでき上がりに。

2
ハンバーグをフライパンに入れて火をつけ、強火で両面にしっかり焼き色をつける

強火　片面2分30秒⇒裏返して1分30秒

少し焦げたかなくらいの、濃い焼き色をつけて

> 煮込んでも肉汁が逃げないよう、**濃い焼き色がつくくらいに表面を焼いてコーティング**。煮込むので、ここでは**中まで火が通っていなくてOK**。脂がたくさん出るので、キッチンペーパーで拭きとっておく。

栄養バランスのいい副菜：ブロッコリーのガーリックオイルがけ（2人分）

ビタミン、ミネラル、食物繊維が豊富な優秀野菜。つけ合わせに

1. ブロッコリー½株は小房に分け、塩少々を加えた熱湯でゆで、水けをきる。
2. フライパンにオリーブ油大さじ2、にんにく（みじん切り）1かけ分、アンチョビ（みじん切り）3枚分を入れて弱火にかけ、香りが出るまで炒める。
3. 1を器に盛り、2をかける。（岸村）

3 ひたひたの水を入れる。煮立ったらアクを除き、トマトケチャップ、ソース、白ワインを入れて煮る

強火⇒中火　　調味料を加え、10分

強火で煮立てて、アクが寄ってきたところでキャッチ！

肉が乾燥しないように、ときどき煮汁をかけながら煮る

ハンバーグがひたひたになるまで水を注ぐ。**煮立つまで強火**で、アクをすくって調味料類を加えたら、**中火にして10分**煮込む。**煮すぎるとうまみが流れ出てしまう**ので、10分煮たらハンバーグはとり出す。

4 火を止め、ルウを加える。3分おいてから混ぜる。しめじを加え、煮立ったらハンバーグを戻し、3分煮る

火を止める⇒中火　　3分おく⇒煮立ったら3分

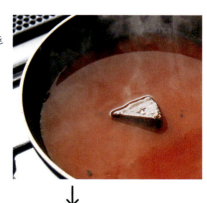

ハンバーグをとり出し、ルウを入れたら、3分放置

ルウはおもに小麦粉でできていて、加熱による小麦粉の糊化によって液体にとろみがつく。火を止めてルウを入れ、3分おくことで、ルウを中心までとかす。泡立て器などでしっかり攪拌したあと、火にかけて、**小麦粉が糊化する90℃に温度を上げることでとろみがつく。**

栄養バランスのいい副菜：ツナクリーム入りトマトカップ（2人分）

煮込みハンバーグの前菜にすると、レストランのコース風に

1. トマト小2個はへた側を少しカットし、中をくりぬき、中身は粗く刻む。
2. ツナ水煮（缶詰）1/2缶分（40g）、クリームチーズ25g、レモン汁大さじ1、イタリアンパセリ・ケッパー（各みじん切り）各大さじ1、塩少々をよく混ぜ合わせ、1のトマトの中身とまぜる。
3. 1のトマトを器にして、2を詰め、イタリアンパセリ少々を飾る。（岸村）

---

1 焼く　2 煮る　3 炒める　4 揚げる　5 生野菜調理　6 ゆでる・番外編　7 料理の基本

case study #004

鮭のムニエル

調理法はシンプルですが、上手に作るのが意外と難しい料理です。魚の下処理と焼き方をマスターしてください。

仕上げmemo

つけ合わせを添える。ここでは、油で炒めたエリンギ、くし形切りのレモン。フライパンに残ったバターにレモン汁少々を加えてソースにしても。

材料：2人分

生鮭	2枚（200g）

鮭の皮は生臭みの原因になるので、とり除くほうが味よく仕上がる。

塩	小さじ3/5（3g）
薄力粉	適量
サラダ油	大さじ1
バター	10g
塩	少々
こしょう	少々

作り方：

1 塩をふって10分おき、出てきた水けをしっかり拭く

塩はあとで拭きとるので、少し多めにふったほうが味が決まる

↓

キッチンペーパーでぎゅっと押さえて、両面とも水けと残っている塩をとる

目標: おいしいでき上がり

TO GO! 1 生臭くない

TO GO! 2 身がふっくら、パサつかない

TO GO! 3 表面をカリッと焼く

おいしさの公式:

塩をして10分おき、ドリップを拭きとる ＋ 中火で2分＋弱火で2分、裏返して弱火で2分 ＋ 粉は薄くまんべんなくつける

塩をしてしばらくおいておくのは、**塩味をつけるだけでなく、魚の臭みをとるため。魚の臭みは水溶性のため、塩をふって脱水させる**ことで、水分とともに臭みを除くことができる。10分おいて、出てきた水分（ドリップ）と表面に残っている塩はキッチンペーパーでしっかりと拭きとることが大切。

魚は生では弾力があって、ぷりぷりしているが、**加熱して50℃くらいで非常にやわらかくなり、それ以降は、高温になるほどかたくなっていく性質がある**。このため、魚を高温で長時間、加熱するのは禁物。焼き始めに中火で焼き色をつけて、あとは弱火で両面を焼けば、十分に火が通り、ふっくら仕上がる。

小麦粉をふる際、量が多かったり、一カ所に固まったりすると、糊状になって粘りが出る。すると、フライパンにくっついてしまい、焼きにくくなる。また、小麦粉をふってから時間がたっても糊状になってしまう。**小麦粉は焼く直前に、薄く均一につけるのがポイント**。カリッと香ばしく仕上がる。

右側タブ: 1 焼く / 2 煮る / 3 炒める / 4 揚げる / 5 生野菜調理 / 6 ゆでる・番外編 / 7 料理の基本

---

2 薄力粉をまんべんなくふり、軽くはたいて余分な粉を落とす

粉をふるときは、茶こしを使うとまんべんなくできて便利

手で粉をはたき落とすことで、薄く均一に粉がつく

3 油を入れて予熱。鮭を入れ、両面を焼く。出た油を拭きとり、最後にバターをからめる

予熱（強めの中火）⇒ 中火⇒弱火
予熱1分⇒中火1分30秒⇒弱火1分30秒⇒返して2分

盛りつけるとき、上になるほうから焼き始める。ふたはしない

いちばん身の厚い部分を押して、弾力があれば焼けた証拠

栄養バランスのいい主食&副菜:

アボカドのチーズ焼き （2人分）

血管を若く保つのに役立つ
ビタミンEが豊富な料理です

1. アボカド1個は縦にぐるりと切り込みを入れてねじり、種をとり除く。
2. モッツァレラチーズ80gは1cm角に切り、玉ねぎ¼個はみじん切りにする。
3. 1の果肉をスプーンですくいとり、2を加えて混ぜ、塩、こしょう各少々、しょうゆ小さじ1で味をととのえる。
4. 1のアボカドの皮に3を戻し、オーブントースターで4～5分焼く。（堤）

ひじきとトマトのサラダ （2人分）

ひじきは食物繊維が豊富。
便秘予防に効果的な食材

1. しょうゆ、だし、オリーブ油各小さじ½を合わせ、ひじき（乾燥）大さじ1（5g）を水で戻し、さっとゆでたものと、トマト½個を角切りにしたものをあえる。
2. レタス1枚を食べやすくちぎったものを敷いた器に1を盛る。（牧野）

ワンポットクリームパスタ （1人分）

ひと鍋で作れる簡単パスタメニュー。
カルシウムが豊富

1. ベーコン2枚は2cm幅に切る。玉ねぎ30gは薄切り、キャベツ80gはざく切りにする。
2. フライパンにサラダ油小さじ1強を温め、1を炒める。しんなりしたら火を止めて小麦粉大さじ1をふってよく混ぜ、なじませる。火にかけ、30秒炒める。
3. 火を止め、牛乳180mlを加えてよく混ぜ、水300mlも加え、火にかける。
4. 沸騰したら半分に折ったスパゲッティ80gを入れ、ときどき混ぜながら、袋のゆで時間通りに煮る。コンソメスープの素（顆粒）小さじ1、塩小さじ⅖（2g）、こしょう少々を加える。（前田）

- case study #005 　**肉じゃが** ⇒ 和食の定番味つけをしっかりマスター
- case study #006 　**ひじきの煮物** ⇒ ちょっと濃いめの甘辛味の煮物
- case study #007 　**青菜の煮びたし** ⇒ 和食の薄味煮物を覚える
- case study #008 　**さばのみそ煮** ⇒ これ1品で煮魚の基本は完璧
- case study #009 　**鶏手羽のトマト煮** ⇒ かたい肉をやわらかく煮る方法
- case study #010 　**みそ汁** ⇒ みその扱い方と、だしのとり方

② 煮る

1 焼く / 2 煮る / 3 炒める / 4 揚げる / 5 生野菜調理 / 6 ゆでる・番外編 / 7 料理の基本

case study #005
肉じゃが

和食の煮物の代表メニューです。さまざまな作り方がありますが、
スタンダードな味つけと、失敗しない作り方をご紹介します。

目標：
おいしいでき上がり

TO GO! 1 味つけがしっかり決まる

TO GO! 2 煮くずれしない

TO GO! 3 中まで味がよくしみこむ

おいしさの公式：

煮物の味つけは、8：1：1（だし　しょうゆ　みりん） ＋ **煮る前に油で炒める** ＋ **煮物は加熱時より、冷める間に味がしみる**

八方だしと呼ばれ、**和食の煮物でよく使われる配合**。容量比で、だし：しょうゆ：みりんが8：1：1。じゃがいもや里いも、大根、かぼちゃなどに合う。みりんのかわりに砂糖を使うこともできるが、**みりんに含まれる糖とアルコールは煮くずれを防ぐ**効果があるため、肉じゃがの場合は、みりんが向く。

じゃがいもには、ペクチンという細胞壁を構成し、細胞と細胞をくっつける働きをする成分が含まれている。**80℃以上の加熱でペクチンが分解されて流れ出やすくなるため、煮る前に油で炒め、油膜でコーティング**しておくと、ペクチンが流れ出るのを防ぐ効果がある。

加熱中は食材中の水分が温められて蒸発している状態なので、味はしみこみにくい。しかし冷却時は、食材中の圧力が下がり、**抜けた水分の分だけ調味液を吸収するので、味がしみこんで**いく。具材の大きさ、時間、温度も味のしみこみ具合に関係してくるので、**煮込んだ時間の半分以上を目安に**放置する。

材料：
2人分

豚肩ロース薄切り肉	100g

豚肉は3cm幅に切る

じゃがいも（メークイン）	300g（小3個）
玉ねぎ	150g（大½個）
にんじん	50g（小½本）
さやいんげん	4本

煮物にはでんぷん質が少なく、煮くずれしにくい種類のじゃがいもを選ぶこと。代表はメークイン。ほかにインカのめざめなど。

さやいんげんは3cm長さに切る
じゃがいもは乱切り（1個を4つに切る）
玉ねぎは1cm幅のくし形切り
にんじんは小さめの乱切り

サラダ油	大さじ1
だし	240㎖
しょうゆ	大さじ2
みりん	大さじ2

1 焼く
2 煮る
3 炒める
4 揚げる
5 生野菜調理
6 ゆでる・番外編
7 料理の基本

肉じゃが

作り方：

1 鍋に油を入れて予熱。じゃがいも、玉ねぎ、にんじんを入れて炒める

弱めの中火　予熱1分⇒炒める3分

> 野菜を油で**コーティング**するのが目的なので、油の分量は少し多め。油が具材全体に回り、野菜のまわりが少し透明になるくらいに炒めればOK。油で炒めることで味にコクや深みも増す。

2 だし、しょうゆとみりんを加えて煮る。煮立ったら、肉をほぐして入れる

強めの中火　煮立つまで

肉はほぐし、1枚ずつ広げて野菜の上にのせる

> 肉じゃがの肉は、**最初から入れてしまうと、加熱時間が長く、火が通りすぎてかたくなってしまう**。肉は、煮汁が沸騰したところに加えることで、やわらかく仕上がる。

栄養バランスのいい主菜： 鮭のちゃんちゃん風 （2人分）

保存がきく塩鮭は、手軽に動物性たんぱく質がとれる食材

1. 甘塩鮭2枚（300g）は表面の水分を拭く。玉ねぎ50g、にんじん30g、キャベツ100gはせん切りにする。みそとみりん各大さじ1、砂糖と酒各小さじ2を混ぜる。
2. アルミホイルにクッキングシートを重ねたものを2組用意。1組ずつ、1の野菜の半量、鮭1枚、バター10gの順にのせ、1のみそだれ半量をかけて包み、オーブントースターで15分焼く。（前田）

3 アクをとり除き、落としぶた＋ふたをして、弱めの中火で15分煮る

 強めの中火⇒弱めの中火（フツフツと煮立つ程度の火加減）　煮立ってから、15分

クッキングシートは、鍋に合わせて切って穴をあけ、くしゃくしゃに丸め、水にぬらしてから広げてのせると、具材にピタッと張りつく

落としぶたをすると、**煮汁が落としぶたにあたって対流がおこり**、ひたひたの煮汁でも全体にゆきわたるため、加熱ムラが少なくなる。また、**食材が鍋の中で大きく動くことを防ぐ**ため、煮くずれ防止につながる。さらに上からふたをするのは、**煮汁の蒸発を防ぎ、風味を逃がさない**役目がある。

4 火を止め、落としぶたをとりいんげんを入れ、ふたをして、10分ほどおく

 火を止める　約10分

加熱直後。じゃがいもは白っぽく、まだ味がしみていない

冷めるとき、**50℃くらいで調味液が食材に移る**（しみこむ）という実験結果もあり、急冷しても味はしみこむ。しかし、**ゆっくり冷ましたほうがじゃがいものホクホク感が出る**ので、ここでは10分を目安にしている。具材を大きく切った場合は、もう少し時間を長くおく。

栄養バランスのいい主菜：**かつおのたたき**　(2人分)

かつおは鉄、ビタミンB₁₂など貧血防止に役立つ栄養が豊富

1. かつお（刺し身用・さく）はざるにのせ、熱湯を回しかけ、冷水にとる。キッチンペーパーで包み、冷蔵庫で冷やす。
2. 青じそ4枚としょうが10gは細切り、みょうが1個は薄切りにし、水にさらして水けをきる。にんにく½かけは薄切りにする。
3. **1**を薄いそぎ切りにして器に盛り、**2**を散らし、ポン酢しょうゆをかける。（松本）

case study #006
ひじきの煮物

副菜、お弁当など作っておくと便利なおかず。和食の濃いめの味つけは、ひじきの煮物でマスターしてください。

材料： 作りやすい分量

ひじき（乾燥）	25g

にんじん	50g	ごま油	大さじ1
れんこん	50g	だし	180ml
こんにゃく	50g	しょうゆ	大さじ2
大豆水煮	50g	みりん	大さじ2
油揚げ	1枚	砂糖	小さじ1

こんにゃくは
マッチ棒状に切る

油揚げは
マッチ棒状
に切る

れんこんは
薄い
いちょう切り

にんじんは
マッチ棒状
に切る

作り方：

1 ひじきは、
たっぷりの水に浸し、
20分おいて戻し、水けをきる

⏱ 20分

ざるにひじきを
入れて水に
浸すと便利

水に浸しておく時間が長すぎると、やわらかくなりすぎて、ひじきの食感が悪くなるので、**20〜30分が適当。**

目標：	TO GO! **1**	TO GO! **2**	TO GO! **3**
おいしいでき上がり	ひじきがしっとり、臭みがない	少し濃いめのこっくりとした甘辛味	仕上がりが水っぽくない

おいしさの公式：

◯ ひじきは、たっぷりの水で戻すこと ＋ ◯ ひじきの味つけは、6：1：1（だし しょうゆ みりん）＋砂糖少々 ＋ ◯ ひじきの煮物は、煮るより炒めることが大事

ひじきは乾物なので、使う際は水に20分ほど浸して戻す。水で戻すと、乾燥した状態より、**重量比で8～10倍に増える**ため、水が少ないとやわらかく戻らない。また、ひじきには海藻独特のにおいがあり、たっぷりの水に浸すことで臭みが軽減。水の量は乾燥ひじきの重さの約50倍（20gで約1ℓ）を目安にしたい。

ひじきは肉じゃがよりも、**味が少し濃く、甘さがあるほうがおいしい**ので、和食でよく使う八方だし（だし：しょうゆ：みりんが8：1：1）のバランスを変え、砂糖もプラスしている。より甘みの強い味が好みなら、6：1：1の割合は変えずに、砂糖の量を増やして調節するといい。

ひじきは肉じゃがのような汁の多い煮物とは違い、**よく炒めた材料に調味料を加えて煮つめて仕上げる料理**。そのため、とにかくよく炒めることが大切。炒めることで食材中の水分が抜けて、調味料が中までしみこみやすくなる。ひじきの炒め方が足りないと、水っぽい仕上がりになってしまう。

---

2 油、にんじん、れんこん、こんにゃくを入れて2分炒め、ひじきを入れて2分、大豆、油揚げを入れて30秒炒める

中火　2分⇒2分⇒30秒

こんにゃくの表面が泡立つまで、よく炒める

底から返しながら、よく炒める

3 だし、しょうゆ、みりん、砂糖を加え、40秒おいて混ぜる。30秒ほど煮つめる

強めの中火　40秒⇒30秒

だし、調味料の順に加える

汁けが1/4～1/5まで煮つまるくらいが目安

case study #007

青菜の煮びたし

基本をおさえて作れば、味はもちろん、見た目の美しい料理に。薄味なのでたくさん食べられ、野菜不足におすすめの1品。

材料：2人分

小松菜	100g
油揚げ	½枚

薄切り。においが気にならなければそのままでOK。気になる人は、水道のぬるま湯でもみ洗いすればいい。

だし	150㎖
しょうゆ	小さじ2
みりん	小さじ2

作り方：

1 大きめの鍋にたっぷりと湯を沸かし、小松菜を根元から入れ、1分ゆでる

強火 小松菜を入れて、1分弱

青菜の色素成分・クロロフィルは熱に弱く、ゆで時間が長くなるほど、退色も著しくなる。小松菜を入れて温度が落ちないよう、**湯はたっぷりと（小松菜100gで1ℓ以上が目安）**、ぐらぐら沸騰させたところに入れ、短時間でゆでることが大切。

目標：
おいしい
でき上がり

TO GO! 1 緑の色が美しく仕上がる

TO GO! 2 味が決まる

おいしさの公式：

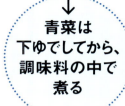

青菜は下ゆでしてから、調味料の中で煮る ＋ **煮びたしの味つけは、15：1：1**（だし　しょうゆ　みりん）

青菜の美しい緑色は**クロロフィル**という色素。これは**熱と酸に弱く、しょうゆ（pH5＝弱酸性）を加えた煮汁で生から煮ると、でき上がりの色が暗緑色と悪くなる**。青菜の煮びたしは、一度色鮮やかにゆでてクロロフィルの働きをおさえてから、煮汁で短時間煮るのがいい（青菜を色よくゆでるは、P82参照）。

野菜の味を生かした薄味の味つけは、だしをベースにして、**だし：しょうゆ：みりんが15：1：1**。**小松菜、ほうれん草などの青菜のほか、かぼちゃや大根を薄味で煮るのにも適している**。この煮汁だけの塩分濃度は約1％なので、具材と一緒に煮汁を飲んでもちょうどいい味加減。

2 すぐに冷水にとり、冷やす。水けをしぼり、4〜5cm長さに切る

急冷が大事！
流水で
冷やしてもOK

3 だし、調味料を鍋で煮立て、油揚げを入れて1〜2分煮、2の小松菜を加え、1分煮る

中火　煮立てる⇒1〜2分⇒1分

油揚げから
いいだしが出る！

case study #008

さばのみそ煮

魚料理は苦手という方も多いのでは？ さばのみそ煮で、煮魚の基本をマスターしましょう。ひと手間かけると味がワンランクアップします。

目標: おいしいでき上がり

TO GO! 1 臭みがない

TO GO! 2 香りよく仕上げる

TO GO! 3 味がしっかりと決まる

おいしさの公式:

煮る前に、熱湯に通してから水で洗い、生臭みをとる ＋ 煮魚を煮るときはふたをしない。みそは仕上げに加える ＋ 調味料の割合は、8：1.5：1.5（水+酒　みそ　砂糖）

魚の臭みのおもな成分はトリメチルアミンという、魚のうまみ成分が細菌によって分解されてできたもので、**水に溶ける性質がある。細菌は魚の表面に多いため、**まず、**魚の切り身を熱湯に通して殺菌、さらに水で洗う**ことで、臭み成分を除くことができる。この下処理方法を和食では**霜降り**という。

におい(香り)の成分は、気体になりやすい性質（揮発性）がある。これは、魚の臭みも、みその香りも同じこと。**魚はふたをしないで煮ることで、においを揮発させ、生臭みをおさえることができる。**逆に、香りを楽しみたいみそは、最初から全部入れずに、仕上げに加えることで、芳香を生かすことができる。

和食の基本・だし8：しょうゆ1：みりん1のアレンジ版。**だしのかわりの水分が水と酒になり、しょうゆのかわりにみそを。**塩分濃度（大さじ1）は、豆みそ1.9g、普通のみそ2.2gと、しょうゆ2.5gに対して薄いので、多めに加えている。また、さばのみそ煮は少し甘いほうがおいしいので、砂糖にしている。

材料: 2人分

| さば（切り身） | 2切れ（200g） |

さばの下ごしらえ

皮目に十字に切り込みを入れる。煮る間に皮が破れるのを防ぐ。

| 水 | 60mℓ |
| 酒 | 60mℓ |

A	みそ（あれば、豆みそ）	大さじ1½
	砂糖	大さじ1½
	水	大さじ1½

〔混ぜる〕

最後に煮つめるときに蒸発する水分の量を考えて、水を加えておく。

| 長ねぎ | 1本 |
| しょうが | 1かけ（10g） |

しょうがは薄切り

長ねぎは5cm長さに切る

1 焼く　2 煮る　3 炒める　4 揚げる　5 生野菜調理　6 ゆでる・番外編　7 料理の基本

さばのみそ煮

作り方：

1 フライパンに湯を沸かし、さばを 10〜20 秒入れ、水にとってアクを除き水けを拭く

 強めの中火　沸騰⇒さばを入れて 10〜20 秒

> 加熱により表面が、霜が降りたように白くなることから、霜降りと呼ばれる。

表面が白くなったら、すぐ引き上げる

↓

たっぷりの水に入れ、指でアクをぬぐう

2 あいたフライパンに水、酒、Aの⅓量を入れて煮立て、さば、ねぎ、しょうがを入れる

 強めの中火　沸騰

> みそは香りだけでなく、コクと味も楽しみたいので、⅓量を最初から入れ、残りを仕上げに加える作り方にしている。

↓

魚は必ず、皮目を上にして入れる

栄養バランスのいい副菜：豆腐とあおさのこぶ茶 （1人分）

こぶ茶でさっぱりと味つけし、海藻を加えた湯豆腐風

1. 鍋に水¾カップ、こぶ茶小さじ¼、薄口しょうゆ小さじ¼を入れて中火にかけ、煮立ったら3cm角に切った絹ごし豆腐70gを加え、弱火で1分ほど煮る。
2. 1にあおさ30gを加え、火を止める。（小田）

3 中火で3分煮ながら、アクを除く。落としぶたをして、3分煮る

🔥 中火　⏱ 3分⇒落としぶたをして3分

アルミホイルやクッキングシートで、落としぶただけする

> 魚のたんぱく質は50℃で最もやわらかくなる性質がある。煮くずれの原因になるので、煮始めてしばらくは、動かしたり、さわったりは厳禁。

4 残りのAを加え、3分ほど煮て、煮汁を煮つめる

🔥 中火　⏱ 3分

煮汁を魚にかけながら煮るとしっとり仕上がる

> 加熱時間が長くなって魚の温度が上がるにつれ、身はかたくなる。加熱時間は、トータルで9分を目安としている。

栄養バランスのいい副菜： がんもと青菜のおろしあえ （2人分）

植物性たんぱく質に、ビタミンC豊富な青菜の組み合わせ

1. がんもどき2個は半分に切り、グリルにのせ、3分ほど焼く。
2. ほうれん草1/3束は熱湯でゆで、冷水にとる。水けをしぼって2cm長さに切る。
3. 大根おろし1/4カップは水けをきり、ゆずこしょう小さじ1/2、オリーブ油小さじ1/2、しょうゆ少々と合わせる。
4. 1、2、3をあえる。（堤）

case study #009

鶏手羽のトマト煮

鶏の骨つき肉などの、かたい部位の肉をやわらかく、
おいしく煮る方法です。作りおきにもおすすめの料理。

仕上げmemo

好みでパセリのみじん切りを
ふる。

目標：
おいしい
でき上がり

TO GO! **1** 煮くずれない

TO GO! **2** 肉がやわらかく、噛むとほろっとくずれる

TO GO! **3** ソースの味が肉になじんでいる

おいしさの公式：

○ 肉の表面を焼いてから煮る ＋ ○ ソースで煮込まない。だしで煮る ＋ ○ ソースでの煮込み時間は10分で十分

肉を高温に熱したフライパンで焼きつけることで、肉の表面のたんぱく質を急激にかためる。これによって、肉汁（うまみ）が流れ出るのを防いだり、煮込む間に形がくずれるのを防ぐ効果がある。また、肉を焼くことで、たんぱく質と糖質がアミノカルボニル反応を起こし、こんがりとした焼き色がつく。

かたい部位の肉は、水を加えて長時間加熱すると、肉の繊維を包んでいる組織・コラーゲンが分解され、ゼラチン化する。こうなると、ほぐれやすくなり、やわらかく感じる。煮汁の塩分濃度が高いと、浸透圧で肉の水分が奪われてかたくなるため、**長時間煮込む場合は、塩分が薄い状態で煮るほうがやわらかくなる**。

煮込みというと、味のついたソースで長時間煮込まないと味がしみこまないのではと思う人が多いが、2の方法で肉がやわらかくなっていれば、**10分ほど煮ればソースの味はなじむ**。今回はトマトソース味で仕上げたが、ほかにホワイトソースやカレーソースなどでもおいしい。

1 焼く 2 煮る 3 炒める 4 揚げる 5 生野菜調理 6 ゆでる・番外編 7 料理の基本

材料：
2人分

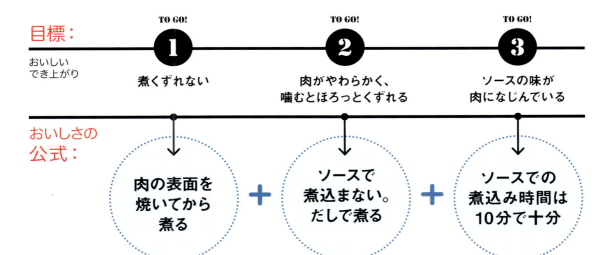

手羽元	6本 (400g)

手羽元は水けをキッチンペーパーでしっかり拭き、塩小さじ⅙（1g）、こしょう少々をふる。

A	白ワイン	50㎖
	コンソメ（固形）	½個
	ベイリーフ（あれば）	1枚

トマトソース（市販）	150g
にんにく	1かけ

にんにくはすりおろす

トマトソースは市販のもの。びん、缶、パウチなど好みのもので

塩	適量
こしょう	少々
オリーブ油	大さじ1〜1½

039

鶏手羽のトマト煮

作り方：

1 フライパンに多めの油を入れて熱し、鶏手羽を強火で焼く。出た脂は拭きとる

強火　予熱1分⇒2分30秒

ときどき転がしながら、焼き色をつける

2 肉がかぶるくらいの水を入れ、Aを加えて強火にかける。沸騰したらアクを除き、落としぶたをし、弱火で40分煮る

強火⇒弱火　沸騰⇒40分

アクがたくさん出るので、ていねいにとり除く

落としぶた（クッキングシートをフライパンの大きさに切り、くしゃくしゃに丸めてからぬらし、広げたもの）をする。肉の臭みを揮発させるため、**ふたはしないで**煮る。

栄養バランスのいい副菜： ズッキーニのチーズ焼き （2人分）

野菜にチーズをのせて食べれば、カルシウムが手軽にとれる

1. ズッキーニ1本は縦半分に切り、長さを3等分に切る。切り口に塩・こしょう各少々をふり、ピザ用チーズ大さじ3をのせる。
2. **1** をオーブントースターで、チーズがとけるまで5〜6分焼く。
3. 器に盛り、オリーブ油少々をかける。（堤）

3 火を止め、鶏肉をとり出す。トマトソース、おろしにんにくを加え、残った煮汁とよく混ぜる

🔥 火を止める

> トマトの水煮缶は、酸味があって味の調整がむずかしい。**市販のトマトソースのほうが手軽で、味も決まりやすい**のでおすすめ。

とり出した鶏肉は、乾燥しないよう、落としぶたをかぶせておく

4 鶏肉を戻し入れ、煮汁をかけながら10分煮込み塩、こしょう各少々で味をととのえる

🔥 中火 ⏱ 10分

ソースの煮つめ具合。皿にとって、スプーンの跡が残るくらい

栄養バランスのいい副菜：海藻のサラダ玉ねぎドレッシング （2人分）

海藻たっぷりで、食物繊維が豊富で腸内環境改善に役立つ

1. 海藻ミックス（乾燥）5gは水で戻す。
2. 大根30gはせん切りにする。
3. すりおろした玉ねぎ小さじ1、酢小さじ1、水大さじ1、コンソメスープの素（顆粒）少々、塩・こしょう各少々をよく混ぜ合わせ、ドレッシングを作る。
4. **1**の水けをきって**2**とさっくり合わせ、器に盛り、**3**をかける。（松本）

case study #010

みそ汁

香り高く、だしのきいたみそ汁は、どんなごちそうにも勝る一品。ぜひ、だしのとり方にもチャレンジしてみてください。

材料：2人分

わかめ（乾燥）	大さじ1～1⅓（2～3g）
長ねぎ	適量

ねぎは薄い小口切り

わかめは水に5分つけて戻し、水けをきる

だし	300mℓ

だしのとり方はP44参照。だしパックや顆粒だしを利用してもいいが、塩分がすでに含まれている場合があり、その場合、仕上がりの塩分濃度は高くなる。

みそ	小さじ4

みそは好みのものでいい。

作り方：

1 分量のだしから少量をとり分け、みそをとかしておく

みそは水分が少なく、とけにくいので、あらかじめ**少量のだし（目安はみその2倍量）でときのばしてから加えると、とけムラがない。**また加熱時間が短くてすみ、香りがより引き立つ。

目標： おいしいでき上がり

TO GO! 1 みその香りがいい

TO GO! 2 ちょうどいい味加減

TO GO! 3 うまみのきいただしの味わい

おいしさの公式：

みそ汁は沸騰させない。沸騰直前に火を止める ＋ **みそ汁の味つけは、15：1（だし：みそ）の割合で** ＋ **だしのとり方を覚える**（くわしくはP44参照）

みその香りの成分はおもにアルコール。樽の中で熟成させるとき、酵母菌が糖を分解することで、アルコールやエステルなどの香り成分ができる。しかし、この**香り成分は90℃以上になると揮発してしまう性質が**ある。これが、昔からみそ汁は煮立てずに、沸騰直前で火を止めるのがいいとされている理由。

みそ汁のみその量は、容量比で、だし15に対して1の割合。1人分なら、だし**150mℓに、みそ小さじ2**を目安に。一般的なみそ小さじ2の塩分量は**1.5g**なので、みそ汁の塩分濃度は1％となり、人がちょうどいいと感じる味つけになる。なお、みそは種類によって塩分量が違うので、使っているみそによって加減を。

だしのうまみは、**かつお節のうまみ成分イノシン酸ナトリウム**と、**昆布のうまみ成分グルタミン酸ナトリウム**を合わせることにより、うまみの相乗効果が生まれる。イノシン酸はほかに煮干し、肉など、おもに動物性食品に含まれる。グルタミン酸はほかにトマト、白菜などの植物性食品に含まれる。

---

2 鍋にだしを入れて火にかけ、温まったらねぎ、わかめの順に入れて1分煮る

強めの中火⇒中火　ふつふつする⇒1分

具材により加熱時間は変わる。角切りの豆腐なら1分、細切り大根なら5分。ひと口大のじゃがいもは冷たいだしから入れ、煮立ったら10gで6分、20gで8分。

3 火を止め、1のみそを加えて混ぜ、再び火をつけ、沸騰直前に火を止める

火を止める⇒中火　みそを加えて10〜20秒

最もみそ汁の香りが立ち、おいしく飲める温度は75℃くらいとされている。沸騰直前に火を止めると90℃くらいなので、お玉で器に盛って、食べるころにちょうどいい温度になる。

だしの基本のとり方

昆布は水に1時間以上つけておけばエキスは出ますが、時間がかかるので、短時間でおいしいだしをとる方法をご紹介します。

材料： 作りやすい量

昆布	20g
削り節（だし用）	40g
水	1.5ℓ

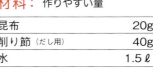

だしは多めにとってストックもできる。麦茶ポットなどに入れ、冷蔵庫で約3日保存可能。

昆布はかたくしぼったぬれぶきんで両面を拭く。

作り方

1 鍋に分量の水、昆布を入れて中火にかけ、鍋底に小さな泡がつき始めたら（60〜65℃）、弱火にして10分加熱する

中火⇒弱火　60〜65℃になるまで⇒10分

可能ならば、温度をはかりながら60〜65℃で保つと理想

昆布は高温で加熱すると、細胞が壊れて、ぬめり成分のアルギン酸や臭み、色素がとけ出すため、だしをとるとき、煮立てるのは禁物。**60〜65℃の湯に10分ほど（可能なら20〜30分）浸すと、水に1時間以上浸したのと同じくらい、うまみ成分のグルタミン酸などのエキスを抽出できる。**

2 10分たったら、中火にして温度を上げ、沸騰直前で昆布をとり出す

中火　沸騰直前まで

昆布のエキスが出たかどうかのチェックは、**厚い部分をひっかいて、跡が残るようであればOK**。昆布がかたい場合は、少量の水を入れて弱火で2分ほどさらに煮て様子を見る。

3 沸騰したら、削り節を一気に加え、すぐに火を止め、削り節が沈むまでおく

中火⇒火を止める　沸騰⇒火を止めておく

削り節を入れたあと、火にかけないと、すっきりとした澄んだだしがとれる。削り節を入れたあと火にかけて煮ると、濃いだしになるが、だしは濁る。好みで使い分けて。

4 清潔なふきんなどを敷いたざるで、3を濾す

ボウルの中に小さなざるを置き、その上にふきんを敷いたざるをのせると、作業がラク。ふきんがなければ、厚めのキッチンペーパーなどでも。

case study #011　肉野菜炒め ⇒ 炒め物の油の意味と、塩味の決め方
case study #012　卵と豚肉ときくらげの炒め ⇒ ふんわり卵の作り方
case study #013　マーボー豆腐 ⇒ 水溶き片栗粉の正しい使い方
case study #014　チャーハン ⇒ ご飯をパラパラに炒める
case study #015　きんぴらごぼう ⇒ 和食の基本をマスターする

③
炒める

1 焼く
2 煮る
3 炒める
4 揚げる
5 生野菜調理
6 ゆでる・番外編
7 料理の基本

case study #011
肉野菜炒め

炒め物は簡単で栄養バランスがいいおかずの代表選手。シンプルな料理だからこそ、おいしく作るのは意外に難しいのです。

目標： おいしいでき上がり

TO GO! 1 水っぽくない
TO GO! 2 野菜の歯ごたえがいい
TO GO! 3 味が決まる

おいしさの公式：

材料はフライパンの½。火加減は焦げない程度の強火 ＋ 油を引く。目安は食材の3〜5% ＋ 塩分濃度1%が、誰もがおいしいと感じる味

炒めるという調理法は、熱したフライパンからの熱伝導による、高温短時間加熱調理。そのため、火加減と、鍋に対する材料の量が大切。**火加減は焦げない程度の強火が基本。食材の量はフライパンの⅓〜½が適量**。量が多いと強火で熱しても温度が上がらず、また水分の蒸発が妨げられて水っぽくなる。

フライパンに油を引くと、鍋底と食材の間に油膜ができ、食材が鍋底にくっついたり、焦げるのを防いでくれる。また、**油は比熱が水の半分で、2倍の温度上昇が可能、熱効率がいい**。多めの油をまとわせることで、短時間で火が通りやすくなる。油の量は多すぎるとべたつくので、**食材の重量の3〜5％を目安にする**といい。

人の血液などの体液は、塩分濃度が約0.9％に調節されており、人は体液濃度に近い0.8〜1％の塩分濃度の味をちょうどいいと感じるとされる。塩分濃度とは、食材の総量に対しての塩の量のこと。この料理の場合、食材の総量は約400gなので、塩の量は4g。もし肉が塩けのあるベーコンにかわったら、その分塩はひかえる。

材料： 2人分

豚薄切り肉	100g
キャベツ	100g (中2枚)
もやし	100g (½袋)
玉ねぎ	50g (大¼個)
にんじん	30g (中⅕本)

キャベツは3cm角
豚肉は3cm幅
玉ねぎは細切り
もやしはひげ根をとる
にんじんは細切り

サラダ油	大さじ1〜1½
塩	小さじ⅘ (4g)

1 焼く / 2 煮る / **3 炒める** / 4 揚げる / 5 生野菜調理 / 6 番外編 ゆでる・ / 7 料理の基本

肉野菜炒め

作り方：

1
フライパンに油を熱し、
豚肉をほぐして入れ、
1分炒めて
焼き色をつける

強火⇒強めの中火　　予熱1分⇒1分

炒めものは
口径24〜26cmの
大きめのフライパン
がいい

予熱でフライパンを熱しておくのも、短時間で炒めるには大切。ただし、フライパンから煙が出るほど熱すると、油の劣化が急速に進むので、そこまでの必要はない。油は熱すると粘度が下がるので、**油がさらさらした状態でフライパン全面に広がるくらいが目安**。

2
にんじん、玉ねぎを加え
1分炒める。
もやしとキャベツも加え、
油が全体に回るまで炒める

強めの中火　　2分

底から
返しながら、
野菜全体に
油をまとわ
せるのが
コツ

炒める順番は、肉→野菜。肉から炒めることで、**肉の脂肪やたんぱく質のうまみ成分を、あとから入れる材料にゆきわたらせる**ことができる。

栄養バランスのいい副菜： わけぎとまぐろのぬた （2人分）

わけぎの香り成分＆まぐろのDHAには血液さらさら効果が

1. わけぎ2本は、白い部分と緑の葉先とに切り分ける。熱湯に白い部分を入れてゆで、しんなりしたら葉先を加えてゆでる。ざるにあげて、冷ます。
2. 1の葉、白い部分ともに内側のぬめりを包丁でこそげて除き、3cm長さに切る。
3. まぐろ（赤身・刺し身用）40gはひと口大に切る。
4. 白みそ・砂糖各小さじ2、酢小さじ1、練りがらし少々を合わせ、2と3を加えてあえる。（松本）

3 塩、こしょうをふり入れ、30秒ほどそのままおき、5秒混ぜる

🔥 強火　⏱ 35秒

塩などの調味料を早い段階で加えると、**塩の脱水作用で野菜の水分が出てきてしまい**、べちゃっとした水っぽい仕上がりになる。調味料は仕上げの段階で一気に加えて。

4 再度、30秒ほどそのままおき、5秒混ぜる

🔥 強火　⏱ 35秒

絶えずかき混ぜたり、ひんぱんにフライパンをあおると、家庭の火力の場合、温度が下がってなかなか火が通らず、結局加熱時間が長くなってしまうことに。**具材に熱が伝わる時間を長くするため、火にかけたまま30秒ほど放っておく**。焦げそうになったら混ぜる、または**フライパンをあおると、効率よく火が通る**。

栄養バランスのいい副菜： さば缶とトマトソースのチーズ焼き （2人分）

もう一品、ボリューム感のあるおかずがほしいときに

1. さば水煮（缶詰）1缶（190g）は缶汁をきってボウルに入れ、市販のトマトソース150gを加えてざっと混ぜる。
2. 1を耐熱容器に入れ、ピザ用チーズ40gのせてオーブントースターで10〜15分焼く。とり出してパン粉、粉チーズ、パセリ各少々をのせ、さらにきつね色になるまで焼く。
   （前田）

case study #012

卵と豚肉ときくらげの炒め物

肉はこんがり、きくらげはコリッと、卵はふわふわ。3つのハーモニーを味わいたい料理。ふんわり卵を作るのがポイント。

材料：2人分

卵	1個
豚バラ薄切り肉	60g
きくらげ（乾燥）	4g

卵は溶いて、塩、こしょうを混ぜる

きくらげは水で20分戻して石づきを除く

豚バラ肉は3cm幅に切る

塩、こしょう	各少々
オイスターソース	小さじ1～2
ごま油	適量

作り方：

1 フライパンにごま油大さじ1を熱し、溶き卵を流し入れて、さっと炒めたらとり出す

強火⇒中火　　予熱1分⇒卵を入れて約30秒

卵は油を吸わせるように軽く混ぜ、まわりからぶくぶくと盛り上がってきたら、とり出す。

目標：
おいしい
でき上がり

TO GO! 1 卵をふわふわに炒める

TO GO! 2 卵とほかの食材のハーモニー

おいしさの公式：

卵は多めの油で高温で調理し、一度とり出す
＋
卵は、最後に戻してほかの材料と合わせる

熱した多めの油に溶いた卵を入れると、卵が油を吸ってふくらみ、ふんわりとした食感になる。油の量は卵の25％が目安で、卵1個なら油大さじ1程度。卵のたんぱく質は65〜75℃で固まるので、高温加熱の炒め物の場合、加熱はごく短時間に。入れたままにすると火が通りすぎて味と食感を損なうので、一度とり出す。

ほかの材料が炒まったところで、とり出した卵を戻す。これは食材のおいしいタイミングを合わせて仕上げるということ。料理は味、外観、香り、温度、食感など複合的な要因でおいしさが決まる。おいしさに占める食感の割合は大きいので、食感でタイミングをはかるのもひとつの方法。

2 フライパンにごま油少々を足し、豚バラ肉を炒める。きくらげを加えさらに炒め、オイスターソースを加えて混ぜる

 中火　1分30秒

> オイスターソースは大さじ1で塩分約2ｇ。甘みやうまみも入っているので、これひとつで味がぴたりと決まるすぐれもの。

3 卵を戻し入れ、軽くほぐしながら、全体をさっと炒め合わせる

中火　10秒

case study #013
マーボー豆腐

人気の中華料理です。家庭で作るときに意外に難しいのが
とろみづけ。水溶き片栗粉の扱いをマスターしましょう。

目標： おいしいでき上がり

TO GO! 1 辛みがきいている。香りがいい

TO GO! 2 水っぽくない。豆腐に味がついている

TO GO! 3 ダマがなく、ほどよいとろみがついている

おいしさの公式：

豆板醤、香味野菜は冷たい油から熱する ＋ **豆腐は水きりをする** ＋ **水溶き片栗粉は、火を止めて加える**

豆板醤、にんにく、しょうがの辛み成分や香気成分は、**脂溶性（油にとける性質）があるため、加熱によって成分を引き出し、油に移す**ことで料理に生かすことができる。その際、高温の油に入れると、材料がすぐに焦げたり、香り成分が揮発してしまうので、冷たい油から入れ、**弱火でゆっくり加熱する**ことが大切。

豆腐は水分が多いため、水きりしないで調味液に入れると、浸透圧によって豆腐の水が出て、なかなか味がしみない。水きりにはさまざまな方法があるが、マーボー豆腐の場合は、**豆腐を角切りにして広げておくのが簡単。水が抜ける面積が広がる**ことで、**放っておくだけで10分ほどで水きり**ができる。

とろみとは、でんぷんに水を加えて加熱すると、でんぷん粒が水を吸ってふくらみ、糊状になる現象。片栗粉に使われるじゃがいものでんぷんは、**約65℃から急速に固まり始め、約75℃で最も粘度を増す**。高温に水溶き片栗粉を入れると、広がる前に固まってダマになるので、**必ず火を止めて加える**こと。

材料： 2人分

木綿豆腐	300g（1丁）
豚ひき肉	100g
長ねぎ	½本
にんにく	1かけ（8g）
しょうが	½かけ（5g）

A	中華スープの素（顆粒）	小さじ½
	水	100ml
	酒	大さじ1
	しょうゆ	大さじ1
	砂糖	小さじ1

(混ぜる)

B	片栗粉	大さじ1
	水	大さじ2

(よく混ぜる)

豆腐は3cm角に切り、バットに広げて10分おく
にんにくはすりおろす
長ねぎはみじん切り
しょうがはすりおろす

ごま油	小さじ2
豆板醤	小さじ½
テンメンジャン	大さじ2

片栗粉をしっかりと浸水させると、でんぷん粒に水がゆきわたり、とろみが安定する。最初に作っておくといい。

マーボー豆腐

作り方:

1 フライパンにごま油、にんにく、しょうが、豆板醤を入れ、弱火で炒めて、油に香りや辛みを移す

弱火　香りが出るまで（約1分）

2 ひき肉を加えて炒める。8割ほど火が通ったら、テンメンジャンを加えて混ぜる

中火　1分30秒

香りが立ってきて、**唐辛子の赤い色素が油にとけ出したら、香りや辛みが油に移った証拠。**焦がすと苦みが出るので、焦がさないように注意。

テンメンジャンが肉によくなじむまで炒める（約40秒）

栄養バランスのいい副菜：チンゲン菜のにんにく炒め（2人分）

ビタミンC、β-カロテン、カルシウムが豊富な野菜で

1. フライパンにごま油小さじ1、5mm角に切ったにんにく¼かけ分を入れて弱火で熱し、香りが出てきたら、チンゲン菜100g（長さを3等分にし、茎は縦4つに切る）を、茎、葉の順に炒める。
2. 水大さじ3、中華スープの素（顆粒）小さじ½、片栗粉小さじ½を混ぜてから**1**に回し入れ、水分がとんで、とろみがつくまで炒める。（小田）

3 Aを加え、煮立ったら豆腐を入れて中火で2分煮る。ねぎを加えてざっと混ぜる

🔥 中火　⏱ 煮立つまで⇒豆腐を入れて2分

> 強火で煮込むと豆腐の中の水分が沸騰し、豆腐に「す」が入って口あたりが悪くなるので中火で煮込む。

ねぎは香りを生かすため、ここで加える

4 火を止め、水溶き片栗粉を入れ混ぜて全体に広げる。再び火をつけて軽く混ぜ、とろみがついたら火を止める

🔥 火を止める⇒中火　⏱ とろみがつくまで

> 水溶き片栗粉は再度かき混ぜ、**いちばん温度が低いフライパン中央部に注ぐ**。中央からぐるぐると円を描くように混ぜると、均一に広がる。**火をつけてとろみがついたら煮すぎないこと**。煮続けて温度が上がりすぎると、でんぷん粒が崩壊し、粘度が低下する。

栄養バランスのいい副菜：絹さやの中華卵スープ（2人分）

中華の献立にぴったりの定番スープ。野菜は季節のものにかえて

1. 絹さや3〜4枚はゆでてせん切りに、きくらげ（乾燥）少々は水で戻してせん切りにする。
2. 鍋にごま油小さじ1を熱し、1を炒め、酒小さじ1、しょうゆ少々、中華スープの素（顆粒）小さじ1/3と水200mlを加えて煮る。
3. 片栗粉小さじ1/2を倍量の水で溶いて加え、とろみがついたら割りほぐした卵1個を細く回し入れる。（佐伯）

case study #014
チャーハン

上手に作るのは意外に難しい料理のひとつ。ご飯をパラッと炒めるコツがわかれば、家庭でもおいしくできます。

目標: おいしいでき上がり

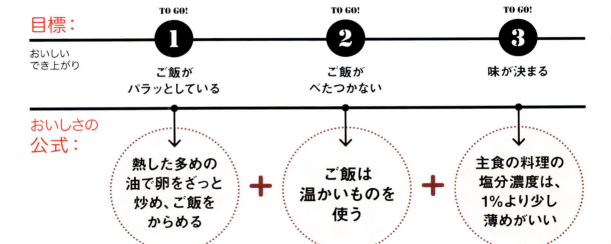

TO GO! 1 ご飯がパラッとしている
TO GO! 2 ご飯がべたつかない
TO GO! 3 味が決まる

おいしさの公式:

熱した多めの油で卵をざっと炒め、ご飯をからめる ＋ **ご飯は温かいものを使う** ＋ **主食の料理の塩分濃度は、1％より少し薄めがいい**

高温の油で溶き卵を熱すると、卵が固まるとともにたんぱく質から急激に水分が蒸発して、網状にすきまができる。すると、**スポンジのように、よく油を吸うようになる。**この働きを利用して、卵が吸った油でご飯をコーティング。パラッとした状態に仕上がる。**油は多めがよく、ご飯の5〜6％が目安。**

ご飯は、冷たいほうが粘りが出ないのでいいという説もあるが、フライパンの温度が下がってしまうので、**温かいほうが向いている。**また、ご飯や具材を合わせた量が、フライパンの½以上にならないほうがいいので、できれば1人分ずつ作ったほうがおいしく仕上がる。

人は、体液の塩分濃度とほぼ同じくらいの、塩分濃度1％をおいしいと感じるとされる。この本では、各料理の特徴に合わせ、薄めの0.8％から、濃いめの1.2％まで幅を持たせてあるが、チャーハンのような主食メニューは量を多く食べたり、副菜やスープをつけることもあるので、**少し薄めの0.8〜0.9％くらいがおすすめ。**

材料: 2人分

ご飯（温かいもの）		400g
卵		2個
A	塩	小さじ⅕（1g）
	こしょう	少々
ハム		2枚
長ねぎ		½本

長ねぎはみじん切り
ハムは5mm角
卵は溶きほぐし、Aの塩、こしょうをふる

ごま油	大さじ2
しょうゆ	小さじ2
酒	小さじ2
塩	小さじ½弱（2g）
こしょう	少々

チャーハン

作り方：

1 フライパンにごま油を熱し、溶いた卵を入れ、ふくらんできたらさっと混ぜ、すぐにご飯を入れる

🔥 強火⇒中火　⏱ 予熱1分⇒卵を入れて10秒

↓

予熱して油をしっかり熱してから卵を流すこと。**ぶわっとふくれてきたら、卵が油を吸った証拠**。ざっとかき混ぜて広げ、**半熟くらいのうちに、ご飯を入れる**のがコツ。

2 切るようにして、ご飯と卵をほぐし、卵が全体に散ったら、約2分炒める

🔥 中火　⏱ ほぐす2分⇒炒める2分

まずはゴムべらや木べらなどで**切るように、ご飯をほぐし**、卵を細かくして鍋全体に広げる。このあと炒めるが、**お玉の底で全体を押し、混ぜるを数回繰り返して**、卵が吸った油をご飯にゆきわたらせ、パラパラの状態を作っていく。

↓

フッ素樹脂加工のフライパンは、お玉の丸みで押し、混ぜるときはゴムべらや木べらを使って

栄養バランスのいい副菜：モロヘイヤとコーンのスープ （1人分）

切るとネバネバのモロヘイヤ。風邪予防にいいβ-カロテンが豊富

1. モロヘイヤ¼束は熱湯でさっとゆでて水にとり、水けをしぼり、細かく刻む。
2. 鍋に中華スープの素（顆粒）小さじ½、水¾カップを入れて火にかけ、煮立ったら、1、コーン大さじ1を加えてさっと煮る。塩、こしょう各少々で味をととのえる。（牧野）

3 塩、こしょうをふり、ハム、ねぎを加えて混ぜ、しょうゆを回し入れる

中火　1分

具材はほかに、グリンピース、えび、チャーシュー、野沢菜、しらすなどでも

味むらがないよう、調味料は全体に

4 最後に、フライパンの縁に酒を回し入れ、ひと混ぜする

中火　10秒

酒の蒸気をチャーハンにくぐらせ、米粒をしっとり、ふっくらとさせる。炒めすぎると米粒が乾燥して、かさっとしてしまうので注意。

栄養バランスのいい副菜： わかめの香味油かけ （2人分）

カルシウムなどのミネラルと食物繊維は、海藻類でしっかりと

1. わかめ（塩蔵）20gは塩を洗い流して水につけて戻し、水けをきってざく切りにする。長ねぎ10cmはごく細いせん切りにし、水にさらす（せん切り）。
2. わかめを器に盛り、白髪ねぎをのせる。
3. ごま油小さじ2を熱々に熱して2にかけ、しょうが汁小さじ1をかけ、しょうゆ少々を回しかける。（松本）

case study #015

きんぴらごぼう

作りおきや弁当のおかずに、覚えておきたいおかず。甘辛い味つけがしっかり決まると和食の料理に自信がつきます。

仕上げmemo
好みで、白ごま少々をふる。

材料： 2人分

ごぼう	150g
にんじん	50g

にんじんは5cm長さに切ってから細切り

ごぼうは5cm長さに切ってから細切り。水につける場合は短時間にとどめて

ごぼうはたわしで洗ってから包丁で皮を軽くこそげる。

A
しょうゆ	大さじ1
みりん	大さじ1
砂糖	小さじ2

混ぜる

ごま油	大さじ1
赤唐辛子	小½本

唐辛子は種を除き、水に10分つけ、やわらかくなってから輪切り。

作り方：

1 フライパンにごま油を熱し、ごぼうとにんじんを入れて強めの中火で2分炒める

強めの中火　2分

全体に油が回るように

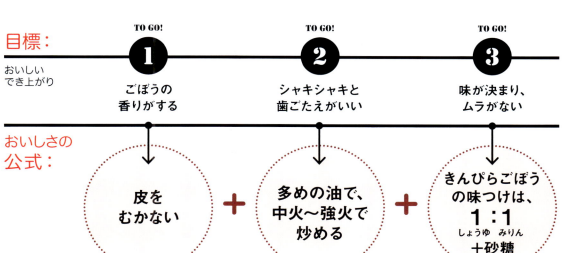

目標: おいしいでき上がり

1. ごぼうの香りがする
2. シャキシャキと歯ごたえがいい
3. 味が決まり、ムラがない

おいしさの公式:

皮をむかない ＋ 多めの油で、中火〜強火で炒める ＋ きんぴらごぼうの味つけは、1:1（しょうゆ　みりん）＋砂糖

ごぼうは皮付近に香りがあるため、皮はピーラーでむかず、包丁で軽くこそげる程度にする。また、**切ったらできるだけ早く調理をすること**。空気に触れると、ごぼうに含まれるポリフェノール類が酵素によって褐色の色素を作り、色が悪くなる。水につけることでこれを防げるが、香り成分も抜けてしまうので注意。

きんぴらごぼうの調理法は、油で炒めてから調味料を加えて煮る、炒め煮。肉野菜炒め（P46）と基本は同じで、**多めの油と強めの火加減で炒める**のがいい。火加減が弱いとごぼうの水分が出て、仕上がりがべちゃっとした感じになるので、中火から強火くらいが適当。材料の切り方（太さや長さ）をそろえることも大切。

味つけは、和食の照り焼きの割合と同じ、**しょうゆ：みりんが1:1**でいいが、**砂糖をプラスして少し甘めに仕上げ**てある。また人がおいしいと感じる塩分濃度1％の場合、野菜の量250gに対し、しょうゆは大さじ1（塩分量2.5g）で味が決まるが、**きんぴらは濃い味が合うため、塩分濃度1.2％のレシピ**にした。

---

2 火を止め、調味料と唐辛子を入れて、全体にからめる

火を止める　10秒

フライパンの温度が高いと、調味料が全体にからむ前に蒸発してしまう。**調味料を入れるときは火を止め、よく混ぜる**と味ムラなく仕上がる。

3 再び火をつけ、汁けがなくなるまで炒める

強めの中火　約1分

栄養バランスのいい主食&主菜：

鮭の野菜あんかけ （2人分）

鮭のオレンジ色の色素は、
抗酸化作用があるアスタキサンチン

1. 片栗粉小さじ1⅓に水大さじ1を混ぜて水溶き片栗粉を作る。鮭の切り身2枚（200g）は皮を除き、3等分のそぎ切りにし、塩小さじ½弱（2g）をふって10分おく。出てきた水分をしっかりと拭く。玉ねぎ20g、にんじん20g、キャベツ30gはせん切りにする。
2. 1の鮭に片栗粉をふってはたき、フライパンに大さじ2の油を熱し、両面焼いて、器にとり出す。
3. あいたフライパンにごま油小さじ1を熱し、1の野菜を中火で炒め、しんなりしたらA（だし150㎖、しょうゆ・みりん各小さじ2、砂糖小さじ⅔）を入れ、ひと煮立ちさせ、火を止める。
4. 3に水溶き片栗粉を入れてよく混ぜたら、再び火をつけて軽く煮立て、とろみがついたら2にかける。（前田）

油揚げの卵とじ丼 （2人分）

買い物に行けなかった日。お財布がピンチのときにおすすめ

1. 油揚げ1枚はひと口大に切り、流水でもみ洗いする。卵2個は割りほぐす。玉ねぎ½個は薄切りにする。
2. 小さめのフライパンに、だし120㎖、玉ねぎ、油揚げの順に入れ、しょうゆとみりん各大さじ1、砂糖小さじ1を入れ、ふたをして玉ねぎがしんなりするまで中火で煮る。
3. 2に卵の⅔量を加え、ふたをして30秒ほど加熱し、残りの卵を加え、弱火にして30秒加熱して火を止める。ご飯適量を盛った丼にのせる。（前田）

ベーコン入りスクランブルエッグ （2人分）

卵はビタミンC以外の栄養が
バランスよくとれる優秀食品です

1. 卵3個は割りほぐし、牛乳大さじ1を加え、こしょう少々を混ぜる。
2. フライパンにバター20gを弱火でとかし、短冊に切ったベーコン2枚分を香りが出るまで炒める。
3. 1の卵を加え、かき混ぜながら弱火で加熱し、トロトロになったら火を止める。（前田）

case study #016 　**鶏のから揚げ** ⇒ 低温から揚げる鶏から揚げ
case study #017 　**フライドポテト＆野菜のフリット**
⇒ 冷たい油から揚げるフライドポテト＆高温から揚げる野菜のフリット

④

揚げる

case study #016
鶏のから揚げ

外はカラッと中はジューシー。理想的なから揚げを家庭で作る方法をご紹介します。"目からうろこ"の技の連続です。

目標： おいしいでき上がり

TO GO! 1 肉がジューシーに仕上がる

TO GO! 2 肉がやわらかく揚がる

TO GO! 3 外はカリッと色よく揚がる

おいしさの公式：

下味につけ込まない ＋ **120℃の低温の油で揚げる** ＋ **二度揚げする**

から揚げがかたくなる理由のひとつは、下味につけ込むこと。塩分濃度が高い調味液に長くつけると、**浸透圧で肉の水分が抜けてかたくなる。揚げるときに水分が蒸発するので、さらにかたくなる**。調味液には長くつけず、下準備として、揚げるときに失われる水分の一部を加えておくことでジューシーに仕上がる。

肉は**加熱によって約50℃からたんぱく質の変性が始まり、60～65℃で収縮・凝固**。平たく言うと、火が通った状態になる。**75℃でほとんどの食中毒菌が死滅。安全に食べられる**。高温の油で長い時間、調理をすると、水分が失われて、かたくなってしまう。このため、肉は低温の油で揚げたほうがやわらかく、肉汁も損なわれない。

ひと口大の肉なら、**120℃の油で4分で火が通る**が、衣の油ぎれが悪く、色もきれいにつかないので、衣をカラッとさせるために**二度揚げする**。油の温度は160℃で、時間は1分を目安に。揚げ物は温度管理が大切な料理なので、温度は勘に頼らず、料理用温度計ではかることをおすすめする。

材料： でき上がり16個分

鶏もも肉	2枚 （1枚250gのもの）

15分室温におき、1枚を10等分（1個約25g見当）に切る。鶏肉が300gの場合は12等分に切る。

	水	小さじ4～6
A	塩	小さじ2/5 （2g）
	こしょう	少々
	酒	小さじ2
	しょうゆ	大さじ2
	にんにく（すりおろし）	小さじ1
	しょうが（すりおろし）	小さじ2

から揚げの衣		
	卵	1個
	水	大さじ3
B	薄力粉	大さじ12 （108g）
	片栗粉	大さじ4 （36g）

鶏肉の下準備

1枚につき、水小さじ2～3を加える。

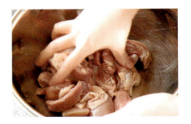

よくもみこむと、肉に水が浸透する（水がなくなる）まで1～2分もみこむ。

鶏のからあげ

作り方:

1 ボウルに鶏肉、Aを入れ、十分にもみ込む。卵、水、Bの粉類を加え、粉けがなくなるまで混ぜる

2 揚げ油をたっぷりと鍋に入れ、120℃に熱し、1を入れ、弱火で4分揚げる

 油の温度120℃ ⇒弱火　　 120℃になるまで ⇒4分

2分ほどもみ込んで調味料を肉に浸透させる。

↓

油の温度は料理用の温度計ではかる

↓

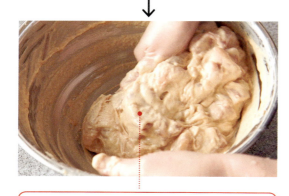

衣は粉が多く、どろりとした配合。衣に卵を加えると、卵のたんぱく質が固まることで肉の火の入り方がおだやかになる。また卵が油を吸うことで衣の食感もやわらかくなる。

揚げ油が少ないと温度管理が難しいので、鍋底から高さ5cmほどは必要。そのため、揚げる鍋は口径が小さく深めのものを選ぶと、油の量が少なくてすむ。1回に揚げるのは、鍋の中で重ならない量が目安。

栄養バランスのいい副菜: 香菜とセロリのナンプラードレッシング （2人分）

香りとクセのある野菜を組み合わせたサラダ。揚げ物によく合う

1. 香菜⅓束（20g）は5cm長さに切り、セロリ⅓束は筋をとって斜め薄切りにする。水にさらし、シャキッとさせる。
2. 1の水けをきり、器に盛り合わせる。
3. オリーブ油大さじ1、酢大さじ½、ナンプラー小さじ1を混ぜ合わせ、2にかける。（堤）

3 一度とり出し、4分おく

とり出した肉は、金網バットの上にあげる。キッチンペーパーでは油ぎれが悪くなる

> フランス料理の技法・ルポゼと同じで、加熱した肉を休ませて、肉汁を組織におさめるのが目的。また、**余熱により肉に均一に火が通る。休ませる時間は、加熱した時間と同じ4分が目安**。4分以上おいてもかまわないので、たくさん作る場合は、全部を低温で揚げてしまうと作業が効率的。

4 油を160℃に熱し、3を入れて1分揚げる

 油の温度160℃ ⇒弱めの中火　 160℃になるまで ⇒1分

> 油を160℃に熱するとき、パチパチはねて危険なので、必ず、**油を箸でかき混ぜながら温度を上げること**。はねるのは、油の中に出た水の粒が大きいからで、攪拌することで粒を細かくし、蒸発させるのが目的。

はね防止のため、箸で攪拌しながら油の温度を上げる

↓

栄養バランスのいい副菜：**スナップえんどうのスープ煮**（2人分）

ビタミンCがたっぷり。ほかにブロッコリーや芽キャベツでも

1. スナップえんどう100gは筋をとり除く。
2. 鍋にコンソメスープの素（顆粒）小さじ⅔、水½カップを入れて温め、**1**を加え、ふたをして中火で蒸し煮にする。
3. スナップえんどうが透き通ってきたら、こしょう少々をふる。（松本）

case study #017

フライドポテト&野菜のフリット

子どものおやつ、酒のつまみ、つけ合わせにといろいろ使える野菜の揚げ物2種。揚げ物の基本のコツがわかります。

仕上げmemo
熱いうちに、塩少々をふる。

フライドポテト

材料：	じゃがいも2個分
じゃがいも	2個

じゃがいもは皮つきのまま、8等分のくし形に切る。切り口のでんぷんのべたつきをとるため、水に1〜2分つけてから水けをきる。

揚げ油	適量

作り方：

1 鍋にじゃがいも、かぶるくらいの油を入れ、さっと混ぜ、中火にかける

中火 / 油温が160℃になるまで(約5分)

油の量は、**じゃがいもが完全につかるまで**がポイント。じゃがいもが油から出ていると、加熱ムラができる。また、じゃがいもの断面全体に油が回るよう、最初にひと混ぜする。

目標： おいしいでき上がり

TO GO! 1 フライドポテトは、均一に火が通る

TO GO! 2 野菜のフリットは、衣がサクサク

TO GO! 3 ちょうどいい、揚げ上がり

おいしさの公式：

じゃがいもは、冷たい油から入れて火にかける
＋
サクサク衣の配合は、小麦粉4：片栗粉3＋BP＋粉の1.6～2倍の水
＋
揚げ物は、泡の状態で揚げ上がりのタイミングがわかる

じゃがいもは水からゆでるのと同じ。高温の油に入れると、表面は温度が早く上がるためやわらかくなるが、中心まで火が通る前に焦げてしまう。このため、フライドポテトは**冷たい油から入れ、油で煮るように揚げる**のがいい。さらにまわりをカリッとさせたい場合は、4分揚げたあと、一度とり出してから二度揚げするといい。

衣は、小麦粉だけではグルテンの粘りが出てしまうため、**粉の一部を、グルテンのない片栗粉にかえ、さらにベーキングパウダーを加えることでサクサクとした食感になる**。粉の重量に対して、1.6～2倍の水（液体量）にするとフリットの衣にちょうどいい。

食材は、揚げると加熱中に水分が蒸発して、油を吸収する。調理中に油の表面に出てくる泡は、食品から出た水分が高温の油の中で変化した水蒸気。泡の勢いがおさまってくると、食材が浮いてくるのは比重が軽くなったから。**揚げ物を作るときは、泡が調理のタイミングをはかる**ひとつのサインとなる。

---

2 油の温度が160℃になったら、火を弱め、4分揚げる

 弱火～弱めの中火　4分

油の表面の泡は水蒸気。温度をはかれない場合は、**泡が勢いよく出てから4分**と覚えて。

3 火を少し強め、1分揚げる。網つきバットにとり出し、油をきる

 中火　1分

泡がおさまってくると、食品中の水分が出て油と置き換わるため、比重が軽くなり、じゃがいもは浮いてくる。**表面をカリッとさせたいときは、最後に少し温度を上げる。**

野菜のフリット

材料：作りやすい分量

ズッキーニ	½本
きのこ類（しめじ、まいたけなど）	⅓パック

フリットの衣

A	薄力粉	20g
	片栗粉	15g
	塩	ひとつまみ
	ベーキングパウダー	1g（小さじ¼）

混ぜる

B	卵	½個分
	水	大さじ2～3
	サラダ油	小さじ1

揚げ油	適量

きのこ類は根元を落とし、小房に分ける

ズッキーニは7～8mm厚さの輪切り

作り方：

1 衣を作る。ボウルにAの粉類を入れ、泡立て器で混ぜてくぼみを作り、Bを加えて、徐々に混ぜる

泡立て器でぐるぐる混ぜ、中央にくぼみを作る

くぼみに液体類を入れる

衣にダマができにくい、粉と液体の混ぜ方。**粉の中央にくぼみを作り、液体類を入れ、粉を周囲からくずすように、少しずつ混ぜる**といい。

2 油を160℃に熱する。野菜に衣を薄くつけ、油で1～2分揚げる。網つきバットにとり出し、油をきる

中火　160℃になるまで⇒1～2分

衣を薄くつけるには、**具材を1個ずつ、縦に持って衣にくぐらせ**、余分な衣が自然に落ちたところで、油に入れる。具材を入れてかき混ぜると、衣にグルテン（粘り）が出てしまうので注意。

case study #018　**きゅうりとわかめの酢の物** ⇒ 万能甘酢を覚える
case study #019　**グリーンサラダ** ⇒ 葉物類の扱い方、保存方法

生野菜
調理

1 焼く
2 煮る
3 炒める
4 揚げる
5 生野菜調理
6 ゆでる・番外編
7 料理の基本

case study #018

きゅうりとわかめの酢の物

生の野菜をたっぷり食べられる酢の物。酢には疲労回復や食欲増進の効果があります。

盛りつけmemo

万能甘酢は、食べる少し前にかける。好みでしょうゆをたらす、削りがつおやごまをふってもおいしい。

材料：2人分

きゅうり	1本
わかめ（乾燥）	2g

きゅうりは薄い輪切り

乾燥わかめは、水に5分浸して戻し、水けをきる

万能甘酢

酢	小さじ4
砂糖	小さじ2

作り方：

1 ボウルに砂糖を入れ、酢を加えてよく混ぜ、砂糖を完全にとかす

とけにくいようなら、鍋に入れて火にかけて温めてとかす。万能甘酢をまとめて作る場合は、砂糖の量が多いので、火にかけてとかすほうがいい。

目標：	TO GO! 1	TO GO! 2	TO GO! 3
おいしいでき上がり	酸っぱすぎない、ちょうどいい酸味	水っぽくない	色よく仕上げる

おいしさの公式：

万能甘酢の割合は、2：1（酢　砂糖） **＋** **野菜は塩もみしてからあえる** **＋** **甘酢は食べる直前にかける**

合わせ酢（酢に副材料を混ぜた調味酢）にはさまざまな配合がある。ここで紹介する甘酢は**三杯酢（酢、しょうゆ、みりん各1）**のアレンジ。みりんのかわりに砂糖を加える。**砂糖はみりんより3倍の甘さなので、酢2：砂糖1は三杯酢よりも酸っぱすぎない**。しょうゆを加えないので色がつかず、すし酢としても使える。

塩もみは、酢の物やあえ物を作るときの下ごしらえ。塩をふることで、浸透圧によって野菜の水分を脱水させ、調味液が薄まらないようにする、味をしみこみやすくする効果がある。**塩をふって5分ほどで急速に野菜から水が出てくる**ので、塩をふったら、少し待ってからもんだほうが効果的である。

酸性である酢に長くつけておくと、きゅうりなどの**緑色の野菜の色素・クロロフィルは化学変化により、フェオフィチンという黄褐色の色素に変化し、色が悪**くなってしまう。だから、酢の物は食べる直前に調味酢をかけてあえるのが鉄則。これは、サラダにも同じことがいえる。

2 きゅうりは、塩小さじ2/5（2g・分量外）をふり、少しおいてから手でよくもむ

塩の分量は、**塩もみをする野菜の重さに対して1〜2％を目安**に。水で流してしぼってしまうので、薄い塩味はつくが、しょっぱくなることはないので安心して。

3 2をさっと水で洗い、しっかり水けをしぼる。わかめと合わせて器に盛る

> 仕上げmemo
>
> 器に盛り、ドレッシングを添える。好みや彩りで、ミニトマト、紫玉ねぎなどを盛り合わせてもきれい。

case study #019
グリーンサラダ

サラダは野菜を生で食べるため、加熱に弱いビタミンCがしっかりとれます。傷みやすい葉物野菜の保存は、P76を参考に。

材料：2人分

サニーレタス	大2枚
グリーンリーフ	大2枚

ドレッシング	
酢	大さじ2
油（オリーブ油など好みで）	大さじ4〜6
A　塩	小さじ¼
こしょう	少々
はちみつ	小さじ1
粒マスタード	小さじ1

作り方：

1 ドレッシングを作る。ボウルに酢、Aを入れて混ぜ、油を細くたらして加えながら、泡立て器で攪拌する

> **塩などは油にとけにくいので、酢に混ぜてから油を加えること。** 油は一度に加えると分離しやすいため、少しずつ入れる。ぬれ布巾をかけた鍋に、ボウルを傾けてのせると、ボウルが動かず、傾斜で液体が一カ所に集まって混ぜやすい。

目標： おいしいでき上がり

TO GO! 1 葉っぱにハリがあり、シャキッとした食感

TO GO! 2 みずみずしい。乾燥していない

TO GO! 3 ドレッシングがよくからむ

おいしさの公式：

葉っぱを水につける ＋ 野菜水きり器（スピナー）を使わない ＋ フレンチドレッシングの割合は 1：2〜3（酢：油）

植物の細胞はたとえると、袋（細胞壁）の中に、液体（細胞液）が入った風船（液胞）がある状態。野菜がしおれるのは、風船内の水分が減り、袋をつっぱるための圧力が低下するから。液体には各種成分がとけ、高い濃度（浸透圧）を保っている。**水につけることで、水が細胞内に流れ込み、圧力が高まって、野菜にハリが生まれる。**

サラダを作る際、野菜の水分をきる目的で、野菜水きり器を利用することも多いが、野菜の表面が乾いた仕上がりになってしまう。**ちぎった野菜は、細胞を壊されることでより乾燥が進み**やすい。表面の水分は野菜が吸水するので、ちぎった野菜はざるに立てかけて、自然に水きりするほうがみずみずしく仕上がる。

フレンチドレッシングは好みによってさまざまな配合があるが、基本は酢：油は 1：2〜3。**ドレッシングは酢（水）と油を撹拌して乳化させたものなので、時間の経過とともに分離する。油が多めの配合のほうが安定性が高く、時間がたっても分離しにくい。**使用する前に再度混ぜるなどして乳化をさせてからかけるといい。

1 焼く / 2 煮る / 3 炒める / 4 揚げる / 5 調理 生野菜 / 6 ゆでる・番外編 / 7 料理の基本

---

2 レタス類は、水をためたボウルにつけて洗い、手でちぎる

3 ボウルにのせたざるの上に、レタスを水がついたまま立てて入れ、しばらくおく

茎の部分はちぎってから、軽くつぶす

葉っぱは小さめのひと口大にちぎる

> サラダに使うレタスを切るときは**手でちぎる**と、**断面が粗くなり、表面積が広がり、ドレッシングがからみやすくなる。**

075

葉物野菜を状態よくもたせる保存法

野菜やくだものは表面からも水分が蒸発しており、とくに葉物野菜は蒸発量が大きいため、鮮度が低下しやすい。乾燥しないよう、しっかり保湿することが大切。また、収穫後も呼吸を続けていて、呼吸量が多いほど鮮度が落ちる。呼吸量は温度に影響を受けるので、冷蔵庫で低温保存する。

この保存方法に向く野菜：	保存期間：
サニーレタス、フリルレタス、グリーンリーフ、サラダ菜、レタスなど	1〜2週間

テクニック：

1 葉のほうから、中心部分に向かって流水をかける

水道の蛇口の下において、しっかり流水をかけるのがポイント。

2 逆さにして4〜5回ふって、水けをざっときる

野菜に適度についた水分が大事なので、水けはしっかりきらないで

3 乾いた新聞紙で全体をおおうように包む

新聞紙には、余計な水分を吸いとった上で、保湿し、さらに冷蔵庫の冷気が直接あたるのを防ぐ効果が。

4 3をビニール袋に入れてさらに包み、口をしばる

5 根のほうを、（より冷たい）冷蔵庫の奥側に向けて入れる

新聞紙は湿っているくらいがちょうどいい。びしょびしょになって気になるようなら取り替えるが、その場合、再度 1〜2 の作業を行う。

case study #020　ポテトサラダ ⇒ 水からゆでる料理
case study #021　ほうれん草のおひたし ⇒ 湯からゆでて、水にとる料理
case study #022　ブロッコリーの塩ゆで ⇒ 湯からゆで、水にとらない料理
case study #023　ゆで鶏バンバンジー ⇒ ゆで肉をしっとり作る方法
番外編
case study #024　マカロニグラタン ⇒ ダマにならないホワイトソースの方法
case study #025　カルボナーラスパゲッティ ⇒ 手軽なひと鍋パスタの作り方

⑥ ゆでる・番外編

case study #020
ポテトサラダ

洋食屋さんで食べるような、なめらかでクリーミーなポテトサラダです。
具材はお好みでアレンジして。

目標：おいしいでき上がり

TO GO! 1 じゃがいもの甘みが引き出されている

TO GO! 2 なめらかな舌ざわり

TO GO! 3 均一に味がついている

おいしさの公式：

じゃがいもは皮つきのまま丸ごと、水からゆでる ＋ **熱いうちにつぶす** ＋ **熱いうちに味をつける**

じゃがいもは加熱することでショ糖が増えて、甘みが増す。しかし切ってゆでると成分がとけ出すため、いもの味を重視したい場合は、**時間はかかるが、丸ごと皮つきでゆでるのがおすすめ**。また、**水から入れてゆでる**。これは徐々に加熱されることで、いもの内と外の温度差が少なくなり、均一に火が通るから。

加熱すると、細胞と細胞の接着成分・ペクチンがやわらかくなる。このため、**熱いうちにつぶすと細胞単位に分かれて、細胞内のでんぷん質が流れ出ないため、さらっとなめらかになる**。冷えてからではペクチンの接着力でつぶれにくく、無理に力を加えると細胞が壊れてでんぷん質が流れ出て、粘りが出る。

味は冷めるときに浸透していく。P27でも紹介した通り、加熱することで食材の中の水分が抜けて、内側の圧力が下がり、抜けた分だけ調味液を吸うからである。**ポテトサラダはゆでたてを手早く皮をむいてつぶし、調味することが大切**。冷めてからでは、**マヨネーズのような油分の多い調味料はほとんど浸透しない**。

材料：作りやすい分量・4人分

じゃがいも（男爵、キタアカリ）	4個（正味400g）

じゃがいもはよく洗う。

にんじん	30g
きゅうり	20g
玉ねぎ	20g
ロースハム	1枚
ゆで卵	1個

酢	大さじ2
砂糖	大さじ1
塩	小さじ2/5（2g）
マヨネーズ	60g（じゃがいもの正味に対して15％）

きゅうりは薄い半月切り
玉ねぎは薄切り
ハムは5×7mmほどに切る
にんじんは薄いいちょう切り

ポテトサラダ

作り方：

1
鍋にじゃがいも、たっぷりの水、塩小さじ2（分量外）を入れて強火にかけ、煮立ったら弱火にして30分ゆでる

強火⇒弱火　沸騰するまで⇒30分

水の量はかぶるくらい＋2cmを目安に

にんじんは小さなざるに入れ、じゃがいもの上にのせて5分ゆで、とり出す

2
きゅうりと玉ねぎは塩少々（分量外）をふって塩もみし、さっと洗って水けをしぼる。卵は細かくする

ゆで卵はマグカップに入れ、ナイフで細かく刻む

栄養バランスのいい主菜：湯豆腐（2人分）

植物性たんぱく質が多く、消化がいい。胃腸が疲れたときに

1. 絹ごし豆腐小2丁は食べやすい大きさに切る。水菜20gは7〜8cm長さに切る。
2. 土鍋に昆布適量を敷き、七分目を目安に水を入れて火にかける。
3. 2に豆腐を入れ、ぐらっと浮き上がってきたら、水菜を加える。
4. 豆腐が温まったら、器にとり分け、ポン酢しょうゆ適量、大根おろし適量、小口切りにした万能ねぎ適量で食べる。（松本）

3. ボウルに酢と砂糖、塩を入れ、ゆでたじゃがいもを皮をむいて入れ、熱いうちにつぶす

タオルにとって、ピンセットでむくと熱くない

ゆで上がりのチェックは、**竹串をさしてスーッと入ればOK**。ざるにあげて水けをきり、すぐ皮をむいて、酢と砂糖と塩を入れたボウルの中でつぶす。でき上がりの食感は、つぶし加減で調節できる。

4. マヨネーズを加えてよく混ぜ、にんじん、きゅうり、玉ねぎ、ゆで卵、ハムを加えて混ぜる。

ポテトサラダは、酢とマヨネーズの酸味を味つけのベースにしているので、**塩分濃度は0.85%と低め**。酢をきかせると塩分がおさえられるので、塩分ひかえめの料理としておすすめ。

栄養バランスのいい主菜: **鮭のアーモンドフライ**（2人分）

ポテトサラダをつけ合わせに。お弁当にもいい組み合わせ

1. 生鮭の切り身2切れはひと口大に切り、白ワイン大さじ1、塩小さじ½、こしょう適量で下味をつける。
2. アーモンドスライス50gは手であらく砕く。
3. **1**の鮭を、溶きほぐした卵白1個分にくぐらせて**2**をまぶしつけ、160℃に熱した揚げ油で3分ほどカリッと揚げる。
4. 器に盛り、ベビーリーフとディル各適量をつけ合わせる。(堤)

case study #021
ほうれん草のおひたし

ほうれん草などの葉物野菜のゆで方を覚えましょう。色よくゆでることはビタミンCなどの栄養損失防止にもつながります。

盛りつけmemo
食べやすく切って器に盛り、削りがつおをのせ、しょうゆをかける。

材料：2人分

ほうれん草	200g

削りがつお	適量
しょうゆ	適量

ほうれん草の下準備

根に十字に切り込みを入れる。

根元を水に15分ほどつける。

花の水揚げと同じ理屈。ほうれん草の水揚げをするとともに、根元に入り込んだ泥も落とすことができる。

目標：
おいしいでき上がり

TO GO! 1
鮮やかな緑色＆ほどよい歯ごたえ

おいしさの公式：

たっぷりの沸騰した湯で、短時間 ＋ **ふたをしないでゆでる** ＋ **すぐに水にとって冷ます**

ほうれん草などの野菜の美しい緑色は、クロロフィルという緑の色素。これは**長く加熱すると、化学変化によって黄褐色の色素になる**ので、料理の色が悪くなる。このため、緑野菜の加熱はできるだけ短時間が必須。材料を入れたときに温度が下がりにくいよう、湯はたっぷりと用意し、必ず沸騰させたところに入れる。

クロロフィルは、酸によっても黄褐色に退色する。ゆで汁にはシュウ酸などの有機酸がとけ出すため、湯の量を多くして強い酸性に傾くのを防ぐ。また、有機酸は揮発性なので、**ゆでる際はふたをせず、有機酸が水蒸気とともに蒸発するのを邪魔しないこと**。ふたをすると、ふたについた水滴とともに鍋に戻ってしまう。

ゆでたあとはすぐに冷まして、**高温状態が長く続かないようにすることで、退色を防ぐ**。ほうれん草の場合は、水につけてしっかり冷やす方法をとる。水につけることで残っているアクを洗い流すこともできる。しかし、長くつけておくと、ビタミンCなどの水溶性成分がとけ出してしまうので、冷めたらとり出すこと。

作り方：

1 鍋にたっぷりの湯を沸かし、ほうれん草を根元から入れ、再沸騰したら、ふたをしないで1分ほどゆでる

強火　1分

鍋はできるだけ大きいものを使い、水の量は、ほうれん草の重量の5〜10倍。1把（約200g）に対して最低1ℓは必要。**塩分濃度2％以上でないと、クロロフィルを安定させる効果は期待できないので、塩は入れても入れなくてもいい。**

2 すぐにとり出して、水をためたボウルにとり、さらに流水で冷やす。ざるにあげて水けをしぼる

しょうゆなどの調味料はpH約4.5と酸性なので、しょうゆをかけたり、あえ物にするのも食べる直前に。

case study #022

ブロッコリーの塩ゆで

ブロッコリーでゆで野菜の基本を覚えましょう。スナップえんどう、いんげんなども同じ方法でおいしくできます。

材料：2人分

ブロッコリー	1房（正味200g）

ブロッコリーは小房に分ける

塩	水に対して0.5〜1%

作り方：

1 鍋に水と塩を入れ、火にかける

強火　沸騰するまで

> 水の量はブロッコリーの重量に対して5〜10倍程度。塩は水の0.5〜1%なので、1ℓなら塩5〜10g（小さじ1〜2）。ブロッコリーはそのまま食べることが多いため、塩味をつけたほうがおいしい。

目標: おいしいでき上がり

TO GO! 1 色が鮮やか

TO GO! 2 水っぽくない

おいしさの公式:

沸騰した湯で、短時間、ふたをしないでゆでる ＋ 水にとらずに冷ます

緑色の色素・クロロフィルが化学変化するのをおさえて退色を防ぐため、緑色の野菜は沸騰した湯に入れ、ふたをしないで短時間でゆでる。P82～83の解説に補足すると、熱湯に入れて一時的に鮮やかな緑色になるのは、含まれる酵素・クロロフィラーゼの働きによる。**色が変化するタイミング**も熱湯から引きあげるひとつの目安になる。

加熱後に高温状態が続かないようにするのも、退色を防ぐ大切なポイント。ただし、**ブロッコリーは水にとると水っぽくなってしまう**ため、とり出したら水にとらずに冷ますのが鉄則。できるだけ急速に冷ますよう、扇風機の風にあてたり、うちわであおいで冷ますといい。

2 沸騰したら、ブロッコリーを入れ、2分～2分30秒ゆでる

強火　2分～2分30秒

ブロッコリーは、鍋の中で重ならない程度の量を入れるのが目安。ブロッコリーの茎に竹串を刺してすっと入ればOK。

3 とり出してすぐに冷ます。扇風機の風にあてるか、うちわであおぐといい

ゆで汁ごとざるにあげると、有機酸がとけたゆで汁が野菜にかかることになるので、皿などにとり出すほうがいい。急冷には扇風機がおすすめ。余分な水分をとばしてくれ、水っぽくならない。

1 焼く / 2 煮る / 3 炒める / 4 揚げる / 5 生野菜調理 / 6 番外編・ゆでる / 7 料理の基本

case study #023

ゆで鶏バンバンジー

鶏1枚をおいしくゆでる方法。ここではむね肉で解説していますが、もも肉でも同様にできます。中華の前菜としてよく登場します。

仕上げmemo

ゆで鶏を包丁で細切り（手で細く裂いてもいい）にし、器にトマト、きゅうりと一緒に盛り合わせる。

目標：
おいしいでき上がり

TO GO! 1 加熱ムラがない

TO GO! 2 しっとり

TO GO! 3 やわらかい

おいしさの公式：

水からゆでる ＋ **酒を加えてゆでる** ＋ **弱火でゆでる**

鶏肉は比較的厚みがあるため、火が通るのに時間がかかる。**沸騰した湯からゆでると食材の内と外で温度差があるため、加熱ムラができやすい**。また、温度は外側から上がるので、中心に火が通る前に、高温にさらされる時間が長くなる外側の肉はパサついた感じになり、味も食感も悪くなる。

肉のpHは5.5～6だが、pHの低いもののなかに置かれると、**筋繊維がほぐれてすきまが生まれ、水分の入る余地ができることで、保水性が生まれる**。酒（日本酒）はpH 4.2ほどなので、肉をゆでるとき酒を加えることは、肉の保水性を上げる＝しっとりさせるのに役に立つ。酒のうまみや風味で肉の臭みもとれる。

肉のたんぱく質は、50℃を超えると変性が始まる。65℃で筋繊維を結合しているコラーゲンがもとの長さの1/3ほどに収縮。肉のかたさはこのコラーゲンの影響を受ける。**75℃でほとんどの食中毒菌は死滅**。たんぱく質の急激な収縮を防ぐために、肉は沸騰した湯でゆでるのはNG。弱火にして、90℃くらいでゆでる。

材料：
2人分

鶏むね肉	1枚

水	400㎖
酒	100㎖
長ねぎ（緑の部分）	10cm
しょうが（薄切り）	1/2かけ分
塩	小さじ1（5g）

トマト	1/2個
きゅうり	1/2本

きゅうりは皮を除き、太めのせん切り

トマトは薄い半月切り

市販の中華ドレッシング（好みのもの）	適量

1 焼く　2 煮る　3 炒める　4 揚げる　5 生野菜調理　6 ゆでる・番外編　7 料理の基本

> ゆで鶏バンバンジー

作り方：

1 鶏肉は切り込みを入れて開き、厚みを均一にする

2 鍋に鶏肉、分量の水、酒、ねぎの緑の部分、しょうがを入れて中火にかける。沸騰してきたらアクを除く

🔥 中火　⏱ 沸騰するまで⇒1分（アクを除く）

> 鶏肉1枚、水と酒の分量がちょうどいいのは、**口径18〜20cmの小さめの鍋。**

> 鶏むね肉は、脂や筋（皮は好みで）をとり除く。身の厚い部分に、包丁を寝かせて切り込み（切り離さないように）を入れ、切り口から開くと全体の厚みが同じくらいになる。

そのままの火加減で、手早くていねいに除く。

栄養バランスのいい副菜：わかめとねぎのスープ （1人分）

食物繊維がたっぷり、ミネラル豊富な海藻を使って

1. カットわかめ（乾燥）2gは水で戻しておく。長ねぎ3cmは斜め薄切りにする。
2. 鍋に水¾カップ、中華スープの素（顆粒）少々を入れて火にかけ、煮立ったら**1**を加えてひと煮し、こしょう少々で味をととのえる。
3. 器に盛り、すり白ごま少々をふる。（松本）

3 微沸騰の火加減に調整し、ときどきアクをとりながら、ふたはしないで10分ゆでる

弱火〜弱めの中火　10分

ふつふつと小さな泡が弱く出るくらいの火加減

ゆで汁の温度は90℃が目安。途中、**もし肉がゆで汁から出てしまうようだったら水を足す**。鶏肉の臭みを蒸発させるため、ふたはしないでゆでる。

4 ゆで上がり。肉の中心温度は約75℃。煮汁ごと冷ます

火を止める　冷めるまでおく

ゆで鶏は作りおきのおかずとして保存することも多い。**でき上がりの中心温度が、菌が死滅する75℃であれば**、食品衛生上も安心。肉が乾燥するとパサつくので、煮汁に浸したまま冷ます。保存する場合は清潔な保存容器に移し、冷蔵庫で3日間保存可能。

栄養バランスのいい副菜：しらすおろし （2人分）

カルシウム補給に。しらす干しは買いおきができて便利

1. しらす干し大さじ1はざるに入れ、熱湯を回しかけて塩出しし、水けをきっておく。
2. 大根3cmは皮をむいてすりおろし、目の細かいざるにあげて軽く水けをきる。
3. 2を器に盛って1をのせ、しょうゆ小さじ1/2をかける。（松本）

case study #024
マカロニグラタン

小麦粉をバターで炒めて作る本格的なホワイトソースは難しいので、
初めてでも失敗しにくく、誰でも簡単に作れる方法をご紹介します。

目標: おいしいでき上がり

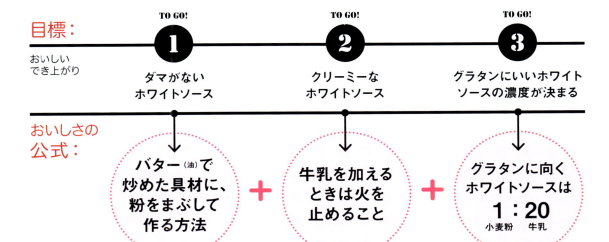

TO GO! 1 ダマがないホワイトソース

TO GO! 2 クリーミーなホワイトソース

TO GO! 3 グラタンにいいホワイトソースの濃度が決まる

おいしさの公式:

バター(油)で炒めた具材に、粉をまぶして作る方法 ＋ 牛乳を加えるときは火を止めること ＋ グラタンに向くホワイトソースは **1:20**（小麦粉 牛乳）

ホワイトソースの作り方のひとつ。バターで炒めた具材に粉をふって、炒めながらよくまぶす。**粉はバターを吸い、粒となって具材の表面に付着することで、鍋全体に拡散する。**ここに牛乳を加えてとかせば、小麦粉が一カ所で糊状にかたまる（ダマになる）ことが防げ、より効率的にとろみがつくことで、失敗しにくい。

ホワイトソースは、小麦粉のでんぷんが水分を吸い、加熱されることで糊状になってとろみがつく。**小麦粉の場合、約60℃で糊化が始まり、約90℃で粘度が最高になる。**このため、牛乳を加える＝とろみづけ開始時は、火を止め、牛乳は冷たいものを加えて、鍋中の温度を60℃以下にするといい。

ホワイトソースの濃度は、牛乳と小麦粉の割合によって変わり、スープやグラタン、クリームコロッケなどさまざまな料理にアレンジできる。**グラタンに向く濃度の割合は、小麦粉1に対して牛乳20が適当。**でき上がりは、具材によくからみ、スプーンですくったときにソースがとろりと流れ落ちるやわらかさ。

材料: 2人分

鶏もも肉	150g
塩、こしょう	各少々
玉ねぎ	100g
バター	20g
薄力粉	20g
牛乳	400ml
水	80ml
コンソメスープの素（顆粒）	小さじ1
マカロニ（早ゆでタイプ）	50g
ピザ用チーズ	100g
パン粉	大さじ4

牛乳は小麦粉の20倍

鶏肉は小さめのひと口大に切る

玉ねぎは薄切り

1 焼く / 2 煮る / 3 炒める / 4 揚げる / 5 生野菜調理 / 6 番外編 ゆでる・ / 7 料理の基本

マカロニグラタン

作り方：

1 フライパンにバターをとかし、玉ねぎを3分炒める。鶏肉を加えて15秒炒め、小麦粉を加えて30秒炒める

🔥 中火　⏱ バターをとかす⇒3分⇒15秒⇒30秒

> ひと鍋でホワイトソースを作り、マカロニもゆでるので、フライパンは口径24cmほどの深めのものを使用。**小麦粉を具材にまぶすことで、鍋中に分散させるのが目的**なので、全体にふり、炒めながら具材全体に広げる。

2 火を止め、牛乳を2回に分けて加え、そのつど、1～2分よく混ぜる

🔥 火を止める

> 小麦粉のとけ残りがあるとダマの原因になる。**混ぜやすく、小麦粉が牛乳全体に均一に分散するよう、牛乳は一度に加えない**。ただし、混ぜすぎると、小麦粉のたんぱく質で粘りが出るので、2回ほどに分けて加えるのが適当。

栄養バランスのいい副菜：三つ葉のナムル （2人分）

ほうれん草や春菊でも。ごま油のかわりにオリーブ油でも

1. 根三つ葉1束（150g）は4cm長さに切り、塩少々を加えた熱湯で色よくゆでる。水にとって冷まし、水けをしぼる。
2. ごま油小さじ2、しょうゆ小さじ2、塩小さじ1/3、こしょう少々、おろしにんにく少々を混ぜ合わせ、1を加えてあえる。
3. 器に盛り、すり白ごま適量をふる。（堤）

3 水、マカロニ（ゆでない）、スープの素を入れて火にかけ、かき混ぜながら沸騰させ、中火で2分煮る

強火⇒中火　　沸騰させる⇒2分

> ホワイトソースを煮てとろみをつける際に、マカロニをソースの中で一緒にゆでる。加える水はマカロニをゆでる水分。温度が上がるととろみがついてくるので常にかき混ぜる。沸騰したらそのまま少し煮込むことで、小麦粉のクセが消える。**小麦粉は約90℃が糊化のピークだが、ブレークダウン（とろみの劣化）しにくい性質なので、煮込んでも大丈夫。**

4 耐熱皿に流し入れ、チーズをのせ、オーブントースターで焼く。とり出してパン粉をのせきつね色になるまでさらに焼く

オーブントースター強火　　チーズをのせて5分⇒パン粉をのせて3分

栄養バランスのいい副菜： トマトのサラダ、にんじんドレッシング（2人分）

トマトのリコピン、にんじんのβ-カロテンと抗酸化成分が豊富

1. にんじん90gはすりおろし、酢・はちみつ（または砂糖）・しょうゆ各大さじ1、オリーブ油大さじ3を混ぜる。
2. トマト大1個は輪切りにして器に盛り、1をのせ、パセリのみじん切りをふる。（前田）

case study #025

カルボナーラ スパゲッティ

人気のイタリアンを、手軽に、しかも失敗なく作れる方法をご紹介します。

盛りつけmemo
仕上げに粗びき黒こしょうをかける。

材料：2人分

スパゲッティ（ここでは1.6mm・ゆで時間11分を使用）	100g
水	400mℓ

ベーコンは2cm幅に切る
にんにくは薄切りにする

ベーコン（ロングタイプ）	1〜2枚
にんにく	½かけ

卵黄、生クリーム、粉チーズ、塩は合わせてよく混ぜる。

A	卵黄	1個分
	生クリーム	50mℓ
	粉チーズ 大さじ1	（約6g）
	塩	2g

混ぜる

オリーブ油	小さじ1
粗びき黒こしょう	適量

作り方：

1 フライパンにオリーブ油、にんにく、ベーコンを入れて弱火にかけて炒め、ベーコンをとり出す

弱火　1〜2分

にんにく、ベーコンは冷たい油に入れ、弱火で加熱することで、**油にとける性質の香り成分を油に移す**。また、ベーコンは最初にカリッと焼いて皿に出しておき、最後に加えることで味や食感が損なわれるのを防ぐ。

目標：	TO GO! **1**	TO GO! **2**	TO GO! **3**
おいしいでき上がり	クリーミーで分離しない	塩味が決まる	簡単に作れて、洗い物が少ない

おいしさの公式：	卵液は火を止めて加える	＋	パスタをゆでるとき塩を加えない	＋	ひと鍋で作る、パスタのレシピ

卵黄の力でもったりとしたとろみをつけるため、**卵黄の凝固が始まる 65℃以上、固まりすぎてしまう 75℃以下の温度帯で仕上げるのがコツ**。そのため、卵黄を入れるときは必ず火を止め、余熱で火を通す。温度が下がりすぎてしまった場合は、少しだけ火にかけてすぐに火を止める。

パスタは 1～2% の塩水（水 2ℓに塩 20～40g）でゆでるとされている。理由はグルテンのつながりを強くして弾力を出すからだが、製麺技術が発達した現在の市販のパスタは、**塩を入れても入れなくても弾力にほぼ違いは出ない**。ゆで汁を利用する場合、**塩を入れると仕上がりが塩辛くなるため、塩は入れない**。

パスタは、たっぷりの湯でゆで、ざるにあげてソースにからませるのが一般的な作り方。しかし、今回ようにクリーム系で、食感がプリッとしていなくても合うメニューの場合は、別鍋でゆでることなく、ひと鍋で仕上げられる。少しの水でゆでられるよう、**パスタの長さを半分に折って入れる**といい。

2 分量の水を入れて強火にし、煮立ったら、スパゲッティを半分に折って入れ、袋の表示時間をゆでる

強火⇒中火　沸騰するまで⇒袋の表示時間

ときどきかき混ぜながらゆで、湯が足りなくなったら、大さじ 2～4 ほどを様子を見ながら足して。

3 火を止めて、混ぜ合わせた Aの卵液、1のベーコンを加え、混ぜ、余熱で火を通す

火を止める

栄養バランスのいい副菜：

油揚げとキャベツのサラダ（2人分）

生のキャベツには、胃の働きを助ける
酵素がたっぷり

1. 油揚げ1枚は熱湯を回しかけて油抜きし、細く切る。フライパンに入れ、中火で表面がカリッとなるまで3分ほど焼く。
2. キャベツ200gはせん切りにして水につけてシャキッとさせ、ざるにあげて水けをきる。
3. 2を大きめのボウルに入れ、粉山椒適量、1を加えてさっくり混ぜる。
4. 器に盛り、オリーブ油大さじ1、薄口しょうゆ大さじ½、白ワインビネガー大さじ½を混ぜてかける。（堤）

ピーマンのみそマヨサラダ（2人分）

ピーマンはビタミンCの含有量が
食品中トップクラスの野菜

1. ピーマン1個、パプリカ（赤）1個はへたと種を除いて縦に細く切り、塩少々をふってしばらくおく。しんなりしたらさっとゆで、水けをしぼる。
2. えのきだけ30gは根元を切り落とし、半分に切ってさっとゆでる。
3. 麦みそ（またはみそ）小さじ½、マヨネーズ小さじ1、しょうゆ少々、ねりがらし少々をまぜ合わせ、食べる直前に1と2をあえる。（松本）

あぶり鮭のからしマヨ（1人分）

鮭は半生で仕上げるので、
新鮮なものを選んで

1. 生鮭（刺し身用・さく）150gは塩小さじ⅓、こしょう適量をふり、下味をつける。
2. フライパンにオリーブ油小さじ1を熱し、1の鮭を入れ、両面を強火でさっと焼く。キッチンペーパーの上にとり出し、1cm厚さに切る。
3. 器に盛り、混ぜ合わせたマヨネーズ大さじ2、ねりがらし小さじ2、白ワインビネガー小さじ1、ディル（細かく切る）1枝分のソースをかける。（堤）

⑦ 覚えてスキルアップ
料理の基本

ここでは、材料の切り方、はかり方のほか、献立やメニューの考え方などもご紹介しています。とくに切り方やはかり方は、でき上がりを左右するので、ぜひ目を通してください。

覚えてスキルアップ・料理の基本 ①
材料の切り方

レシピによく出てくる切り方をまとめてご紹介します。切り方の名前は、料理の独特の言い方が多いので、合わせて覚えましょう。

ひと口大

1辺3cmほどの、食べやすい大きさに切り分ける。

じゃがいもの場合

皮をむいて芽を除き、半分に切る。1辺が3cmを目安に切る。じゃがいも（中）の場合は、6等分くらいになることが多い。

乱切り

ひと口大で、五面体にする切り方。表面積が広がることで、ひと口大より味がしみやすくなる。

にんじんの場合

まずは端を斜めにひと口大に切り、その切り口の真ん中に包丁を入れて、斜めに同じサイズに切る。

輪切り

切り口の丸い材料を端からまっすぐ切る。切り口は輪（円形）になる。

にんじんの場合

皮をむいてへたを除き、端から一定の幅に、まっすぐ切る。ちなみに、斜めに切ると斜め切りとなる。

半月切り

輪切りを半分にした切り方。切り口の丸い材料を、縦半分に切ったあと端から切る。切り口は半円形で、半月のように見えることからこう呼ばれる。

にんじんの場合

皮をむいて縦半分に切り、切り口を下にして、端から一定の幅に切る。

いちょう切り

半月切りを半分にした切り方。切り口の丸い材料を、縦十文字に切ったあと端から切る。切り口がいちょうの葉の形に似ていることからこう呼ばれる。

にんじんの場合

皮をむいて、縦半分に切り、さらに縦半分に切る。切り口を下にして、端から一定の幅に切る。

覚えてスキルアップ・料理の基本 ①　材料の切り方

せん切り
細長く（太さ 3mm 以下が目安）均等にする切り方。これを太めに切ると、細切りになる。

長ねぎの場合

1. 長ねぎを4cmほどの長さに切り、縦に切り目を入れ、中の芯をとり出す。

2. 外側だけを重ね、繊維に沿って3mm以下の幅に切る。

3. 水にさらすとシャキッとなり、まっすぐだったねぎがくるっと巻く。辛みも適度に抜け、歯ごたえがよくなる。

にんじんなどの場合

1. 皮をむいて、4〜5cm長さに切る。

2. 1〜2mm厚さの板状に切る。切り口を下にすると、動かずに安定する。

3. 写真のように、横に少しずつずらしながら重ね、端から3mm以下の幅に切る。

みじん切り

材料を細かく刻む切り方。少し粗く刻むと、粗みじん切りになる。

長ねぎの場合

↓

注意！

1. 包丁（ペティナイフやくだものナイフなど、小さめの包丁がやりやすい）の刃先で、つつくようにして細かな穴をあける。危険がないよう、必ず包丁の刃にふきんやタオルを巻き、包丁を短く持って行う。

2. 端から細かく切る。

パセリの場合

↓

1. 水をためたボウルに、茎を上にしてパセリをつけ、ふり洗いする。こうすることで、葉の中の汚れがよく落ちる。

2. 葉を摘み、手で握って小さく丸め（葉が広がったままだと切りにくい）、端から細かく切る。

3. さらに細かくする場合は、包丁の背の先のほうを押さえ、包丁を上下に動かして刻む。

4. キッチンペーパーに包み、ペーパーごと流水で軽くもみ洗いする。こうすることで、パセリの青臭さがなくなる。

5. ペーパーごとぎゅっと水けをしぼると、パラパラのパセリのみじん切りに。

＊キッチンペーパーを敷いた保存容器に入れ、ふたをして冷蔵庫で保存すれば、パラパラの状態が続く。

玉ねぎの場合

↓

1. 縦半分に切り、切り口を下にして置き、根元を切り離さないよう、繊維に沿って、細かく切り込みを入れる。切り込みを多く入れると、細かいみじん切りになる。

2. 90度向きを変え、包丁を寝かせた状態で、横に2〜3本切り込みを入れる。

3. そのまま端から細かく切る。

4. さらに細かくする場合は、包丁の背の先のほうを押さえ、上下に動かして刻む。

覚えてスキルアップ・料理の基本 ②
調味料のはかり方

調味料のはかり方は、容量と重量の2種類があります。料理の書籍では、計量スプーンを使った容量でのはかり方が主流。計量スプーンには大さじ（15ml）、小さじ（5ml）の2種類が使われています。正しい使い方を覚えましょう。＊容量ではかった調味料の重さは、P110の「調味料容量と重量の換算表」を参考にしてください。

計量スプーンで、きちんと「1杯」をはかる

塩や砂糖、粉類の場合

1 塩や砂糖などを計量スプーンに山盛りに入れ、平らなもの（計量スプーンの柄、テーブルナイフなど）をスプーンの縁にすべらせる。

2 縁と同じ高さにする。これが、すりきり1杯。

しょうゆや油など液体の場合

「1杯」は、あふれるギリギリまで入れた状態をいう。

計量スプーンで½をはかる

写真左は塩の½杯、右はしょうゆの½杯。スプーンの高さ⅔ほど入れた状態が「½杯」にあたる。最近は、計量スプーンに½杯の線が入っていたり、大さじ½、小さじ½の計量スプーンもあるので、そういった器具を使うと便利。

塩などをほんの少量をはかる方法

レシピに出てくる「少々」「ひとつまみ」など、計量スプーン½以下の、ごく少量をはかりたい場合は、つまんで塩を入れる方法を覚えておくと便利。ただし、人によって違いがあるので、仕上がりの味を確認した上で、自分にとっての「少々」「ひとつまみ」がだいたいどのくらいなのかを、キッチンスケールで一度計量しておくといいでしょう。

計量カップや計量スプーンがない！
うちにあるもので、代わりばかり

計量カップ代わりにはペットボトル、計量スプーン代わりにはペットボトルのふたが使えます。これは、流通している規格に極端な差がないため、大きく誤差が出ません。計量カップ、計量スプーンがない場合は、応急措置として覚えておくと役に立ちます。

ペットボトル（500ml）の場合

形状によって多少の違いがあるので、だいたいの目安と考えて代用を。

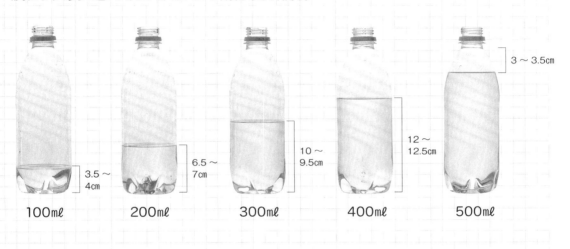

100ml	200ml	300ml	400ml	500ml
3.5〜4cm	6.5〜7cm	10〜9.5cm	12〜12.5cm	3〜3.5cm

ペットボトルのふたの場合

ペットボトルのふた1杯で、約7.5ml。大さじ½にあたる。

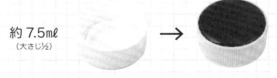

約7.5ml（大さじ½）

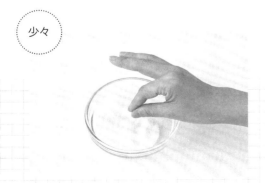

少々

親指と人さし指の2本でつまんだ量。塩の場合は、0.5g前後。

ひとつまみ

親指、人さし指、中指の3本でつまんだ量。塩の場合は、0.7〜1gほど。

覚えてスキルアップ・料理の基本 ③
献立の考え方

料理が作れるようになったら、それを組み合わせて献立にしてみましょう。献立というと難しいというイメージがありますが、バランスのいい献立の作り方はじつはとてもシンプルなのです。

【主食】
ごはん、パン、めんなどの穀類。栄養面では炭水化物がとれる。

【副菜】
野菜、きのこ、海藻などを使った小さなおかずで、サラダ、ゆで野菜や煮野菜、汁物など。栄養面ではビタミンC、ミネラル、食物繊維がとれる。

【主菜】
メインとなるおかず。肉や魚、卵などを使った、ボリュームと食べごたえがあるおかず。栄養面ではたんぱく質、ビタミン類、ミネラルがとれる。

献立は、三角形で考えると、栄養、見た目、満足度が充実します

献立を考えるとき、肉や魚、卵などを使った主菜（メインのおかず）と、野菜などを使った副菜（小さなおかず）、ご飯の3点セットをそろえること＝三角形を意識するといいでしょう。
主食、主菜、副菜がそろうと、栄養面では5大栄養素である、炭水化物、たんぱく質、ビタミン類、ミネラル類、食物繊維のすべてをバランスよくとることができます。
また、ご飯に主菜と副菜をつける形は、日本料理の「一汁一菜」と同じで、無理をせずに続けられる、伝統に裏打ちされたシンプルな献立の基本の形。めん料理や丼のように、ひと皿に素材を組み合わせれば栄養バランスをとることは可能ですが、3点そろえることで、食欲を満たすだけではない、食事としての形が整い、食後の満足感が高くなります。

主菜に向く・たんぱく質のおかず

鶏のから揚げ
鶏肉を使ったボリュームおかず。
作り方 P64 参照

マーボー豆腐
植物性たんぱく質の豆腐、動物性たんぱく質のひき肉を組み合わせたおかず。
作り方 P52 参照

鮭のちゃんちゃん風
魚を使ったメインおかず。
作り方 P28 参照

ベーコン入りスクランブルエッグ
卵を使って。朝食にぴったり。
作り方 P62 参照

副菜に向く・野菜のおかず

グリーンサラダ
生野菜料理の代表選手・サラダ。
作り方 P74 参照

ブロッコリーの塩ゆで
ゆで野菜といえばコレ。お弁当にも大活躍。
作り方 P84 参照

きゅうりとわかめの酢の物
和食の野菜料理といえば、酢の物やあえ物。
作り方 P72 参照

小松菜の煮びたし
加熱することで、葉物野菜はかさが減り、量がたくさん食べられる。
作り方 P32 参照

とくに、動物性たんぱく質、緑黄色野菜を意識して

肉、魚、卵などの動物性たんぱく質は、ダイエットやコレステロールの観点から敬遠してしまう人もいますが、同じ量の豆腐（植物性たんぱく質）と豚肉を比べると、豚肉には約3倍のたんぱく質が含まれています。また、動物性たんぱく質には血液をつくるのに欠かせないビタミンB_{12}など、植物性ではとりにくいビタミンも豊富。ちなみに1日にとりたいたんぱく質量は約60g*。豆腐にすると3丁以上を食べる計算になります。毎日のメニューには動物性と植物性のたんぱく質を上手に組み合わせましょう。

野菜はビタミンCと食物繊維の供給源として大切です。ビタミンCなどのビタミン類はおもに緑黄色野菜に豊富に含まれています。野菜を選ぶ際は、ピーマン、パプリカ、ブロッコリー、ミニトマトなど色の濃い野菜を意識しましょう。食物繊維は便秘予防など腸内環境を整えるのに欠かせません。どの野菜にも含まれているので、野菜をたくさん食べることで食物繊維は摂取できますが、海藻、きのこ類、いも類を組み合わせると、より多くの食物繊維をとることができます。

＊厚生労働省発表「日本人の食事摂取基準2015」より

とくに覚えておきたい 料理の基本・コツの科学

この本に出てくるおもな手順や理論をまとめました。知っていると、ほかの料理に応用ができて便利です。今まで失敗していた原因がわかったり、次に作るときのヒントになったりしてくれるはず。

【 この本の味つけ・調味料配合早見表 】

調味料の割合（以下すべて、容量比）	味つけの特徴	この本で紹介した料理	ほかに合う料理
8：1：1 だし しょうゆ みりん	四方八方、いろいろ使えるため、八方だしと呼ばれる和食の煮物の基本	肉じゃが	筑前煮、野菜の卵とじ、厚揚げ煮物、いかの煮物、かぼちゃの煮物、かつ丼
15：1：1 だし しょうゆ みりん	旬の野菜の持ち味を生かす、薄味の和食の煮物	小松菜の煮びたし	青菜全般の煮びたし、かぶの煮物、寄せ鍋煮汁
6：1：1 だし しょうゆ みりん ＋ 砂糖少々	少し濃いめで甘めの甘辛だし	ひじきの煮物	とろろ丼、そうめんのつゆ、なすの揚げびたし
1：1：1 しょうゆ 酒 みりん	照り焼き風の甘辛味	豚のしょうが焼き、照り焼きチキン	ぶりの照り焼き、照り焼きハンバーグ
1：1＋砂糖 しょうゆ みりん	濃いめの照り焼き味	きんぴらごぼう	アスパラの豚肉巻き焼き、いかの照り焼き
8：1.5：1.5 水+酒 みそ 砂糖	みその甘辛味	さばのみそ煮	いわしのみそ煮、かきのみそ煮、ゆで卵と鶏肉のみそ煮、こんにゃくのみそ煮
15：1 だし みそ	みそ汁のだしとみその割合	みそ汁	みそ汁全般。みその種類によって、多少加減を。
2：1 酢 砂糖	何にでも使える万能甘酢	きゅうりとわかめの酢の物	なます、春雨サラダ、れんこんの酢の物、すし飯
1：2〜3 酢 油	基本のフレンチドレッシング	グリーンサラダ	サラダ全般

下味には長くつけ込まない

目的	肉をジューシーに仕上げる。
理由	塩分濃度が高い調味液に長くつけると、浸透圧で素材の水分が抜け、加熱でさらにかたくなってしまう。下味をつける場合は、調理前にもみ込む程度でいい。
該当する料理	豚のしょうが焼き、から揚げなど肉料理全般

ひき肉に塩を加えてよく練ると粘りが出る

目的	肉汁たっぷりのハンバーグを作る。
理由	ひき肉は塩を加えて強い力を加えると、たんぱく質中のアクチンとミオシンが変化し、強い粘着力や保水性が生まれる。
該当する料理	ハンバーグ、肉だんご

味は熱いうちにつけ、冷める間にしみこませる

目的	味をしみこませる。
理由	味は冷めるときに浸透していく。これは加熱することで食材の中の水分が抜けて内側の圧力が下がり、抜けた分だけ調味液を吸うから。だから、味をしみこませるには、熱いうちに味をつけ、冷めるまでおくといい。
該当する料理	肉じゃがなど煮物全般、ポテトサラダ

魚はふたをしないで煮る

目的	煮魚の生臭さを除く。
理由	においの成分は、気体になりやすい性質（揮発性）がある。魚はふたをしないで煮ることで、においが飛んで臭みなく仕上がる。
該当する料理	さばのみそ煮ほか、煮魚全般

かたい肉は、まずは水やだしで煮るとやわらかくなる

目的	かたい肉をやわらかくする。
理由	かたい肉は、水を加えて長時間加熱すると、コラーゲンが分解され、ゼラチン化してほぐれやすくなる。しかし、ソースなどの塩分濃度が高い中では、浸透圧で肉の水分が奪われてかたくなる。長時間煮込む場合は、だしや水など塩分が薄い中で煮るほうがいい。
該当する料理	鶏手羽のトマト煮ほか、カレーやシチューなど肉の煮込み料理全般

湯からゆでるもの

該当する食材①	緑色の野菜（ほうれん草、小松菜、水菜、春菊、菜の花、ブロッコリー、オクラなど）
目的	緑色を鮮やかにゆでる。
理由	野菜の緑の色素・クロロフィルは、長く加熱すると黄褐色に変化する。温度が下がりにくいよう湯はたっぷり、グラグラと沸騰させたところに入れる。加熱は短時間で。

該当する食材②	薄いもの、形が小さいもの
目的	短時間に手早く火を通す。
理由	食材の内と外の温度差が少ないため、熱湯から入れると短時間でゆでることができる。湯はたっぷり、グラグラと沸騰させたところに入れる。
＊注意	ただし、薄切り肉の場合、肉のたんぱく質は約65℃で火が通るため、表面がゆらぐくらい（80〜90℃前後）の湯でさっとゆでる。

とくに覚えておきたい　料理の基本・コツの科学

水からゆでるもの

該当する素材	丸ごと、または大きく切ったいも類や根菜類、かたまりの肉（ゆで鶏など）
目的	均一に火を通す。
理由	比較的形が大きい、厚みがあるものは、水からゆでる。これは徐々に加熱されることで、食材の内と外の温度差が少なくなり、均一に火が通るから。熱湯からゆでると、中に火が通る前に外側が煮くずれたり、過加熱でパサつきの原因になる。
＊注意	ただし、かたまり肉の場合、肉のたんぱく質は約65℃で火が通るため、煮立ったら弱火にして表面がゆらぐくらい（80〜90℃前後）の湯温を保ち、火が通ったら、ゆで汁の中で冷ます。

緑の野菜をゆでるときはふたをしない

目的	緑色を鮮やかにゆでる。
理由	クロロフィルは、酸によっても黄褐色に退色する。シュウ酸などの有機酸が含まれている場合、有機酸は揮発性なので、ゆでるときはふたをせず、有機酸が水蒸気とともに蒸発するようにする。
該当する食材	ほうれん草、小松菜、ブロッコリーなど

ゆでたあと、水にとる野菜

該当する食材	葉物野菜（ほうれん草、小松菜、水菜、春菊、菜の花など）
目的	緑色を鮮やかに仕上げる。
理由	ゆでたあと、高温状態が長く続かないようにして、緑の色素、クロロフィルの退色を防ぐ。
＊注意	ビタミンCなどの水溶性成分がとけ出すので、長く浸さない。

ゆでたあと、水にとらない野菜

該当する食材	ブロッコリー
方法	うちわであおぐ、扇風機の風で冷ます。
理由	水にとると水っぽくなってしまうので、緑色の退色を防ぐため風を送って冷ますといい。

炒める量は、フライパンの½の量まで

目的	炒め物の仕上がりがべたつかない。
理由	量が多いとフライパンの温度が下がり、全体に熱が伝わらない。水分の蒸発が妨げられて水っぽくなる。
該当する調理	炒め物全般、チャーハン

炒め物の油の量は、食材に対して3〜5％が目安

目的	炒め物をシャキッと作る。
理由	油を引くと、油なしに比べて熱伝導率は2倍。高温でさっと炒めることが可能。1人分の材料200gなら、油は大さじ½〜1強を目安に。
該当する料理	炒め物全般

香味野菜や香辛料は、冷たい油から炒める

目的	香味野菜の香りを油に移す。
理由	香りや辛みの成分は油にとけやすく、香りが飛びやすい。低温から加熱したほうが油に香りがよく移る。高温からでは香り成分が揮発しやすく、焦げやすく苦みがでやすい。
該当する食材	にんにく、しょうが、豆板醤のほか、ホールシードのスパイスなど

水溶き片栗粉は、必ず火を止めて入れる

目的	とろみをつける。
理由	片栗粉(じゃがいものでんぷん)は、約65℃から急速に固まり始める。煮立ったところに入れると、すぐに固まってダマになりやすい。
該当する料理	マーボー豆腐、八宝菜など中華料理のとろみづけ。和食のあんかけ

フライドポテトは冷たい油から揚げる

目的	均一に火が通る。
理由	水からゆでるのと理屈は同じ。食材の内と外の温度差で、高温に入れると中まで火が通る前に焦げてしまうため、冷たい油から入れて煮るように揚げる。
該当する素材	じゃがいものほか、さつまいも、里いも

野菜のフリットは高温から揚げる

目的	衣をサクッと揚げる。
理由	高温から入れることで、すばやく水と油の交換が行われ、衣のサクサクとした食感が生まれる。そのため、具材は生でも食べられるか、火の通りが早いものが向く。
該当する素材	ズッキーニ、きのこ類のほか、オクラ、パプリカ、ゴーヤー、ゆでたけのこ

グリーンサラダに野菜の水きり器は使わない

目的	サラダ用葉物野菜をみずみずしく。
理由	ちぎった野菜は、より乾燥が進みやすい。表面の水分は野菜が吸水するので、野菜水きり器(スピナー)にかけず、ざるに立てかけて自然に水きりする。
該当する素材	レタス、リーフレタス、サニーレタスなど

誰もがおいしいと感じる塩分濃度は1%

目的	味が決まる。
理由	人の体液(血液など)は塩分濃度が約0.9%に調節されており、人は体液濃度に近い0.8〜1%の塩分濃度の味をちょうどいいと感じるとされる。
該当する料理	ほぼすべての料理。だしのうま味や酸味が効いている料理は減塩できる。

【 塩の量の出し方 】 塩分濃度1%の場合

汁物以外　具材の総量(正味)に対しての塩分濃度

(例) 炒め物　具材の正味200gの場合　×0.01 = 塩2g ≒ 小さじ2/3
(例) 上記を、塩としょうゆを半々で味つけする場合　塩1g ≒ 小さじ1/6 + しょうゆ小さじ1強 (塩分約1g)

汁物の場合　液体総量(だしや水など)に対しての塩分濃度

(例) みそ汁　だし150mlの場合　×0.01 = 1.5gの塩　≒ みそ小さじ2

＊市販のだしパックや粉末のだしの素でだしをとると、塩分が含まれている場合が多いので、上記の分量だとしょっぱくなります。その場合はみその分量を少し減らしてください。

(例) スープ　水500mlの場合　×0.01 = 5gの塩
上記を、コンソメスープの素(固形)と塩で調味する場合　コンソメスープの素(固形)1個 (塩分2.5g) + 塩2.5g ≒ 小さじ1/2

＊しょうゆ、みそ、コンソメスープの素(固形)などに含まれている塩の分量は、111ページにまとめて記載したので参考にしてください。

とくに覚えておきたい　料理の基本・コツの科学

【 おもな調味料などの重量換算表 】

調味料名	小さじ1（5mℓ）	大さじ1（15mℓ）	1カップ（200mℓ）
酒	5g	15g	200g
ワイン	5g	15g	200g
酢	5g	15g	200g
しょうゆ	6g	18g	230g
本みりん	6g	18g	230g
みりん風調味料	6g	19g	250g
みそ	6g	18g	230g
粗塩（並塩）	5g	15g	180g
食塩	6g	18g	240g
精製塩	6g	18g	240g
上白糖	3g	9g	130g
グラニュー糖	4g	12g	180g
はちみつ	7g	21g	280g
油	4g	12g	180g
中濃ソース	6g	18g	240g
小麦粉（薄力粉）	3g	9g	110g
小麦粉（強力粉）	3g	9g	110g
片栗粉	3g	9g	130g
ベーキングパウダー	4g	12g	150g
中華スープの素（顆粒）	2.5g	7.5g	100g
パン粉	1g	3g	40g
粉チーズ	2g	6g	90g
トマトケチャップ	5g	15g	230g
マヨネーズ	4g	12g	190g
牛乳	5g	15g	210g

【 おもな調味料などの塩分量の目安 】

調味料名	小さじ1に含まれる塩分量	大さじ1に含まれる塩分量
塩（粗塩タイプ）	4.8g ≒ 5g	14.5g
塩（精製塩）	6g	18g
砂糖（上白糖）	0g	0g
みりん（本みりん）	0g	0g
酒（清酒）	0g	0g
料理酒	0.1g	0.3g
濃口しょうゆ	0.9g	2.6g ≒ 2.5g
うす口しょうゆ	1.0g	2.9g
めんつゆ（ストレート）	0.2g	0.5g
酢（米酢、穀物酢）	0g	0g
とんかつソース	0.3g	1.0g
ウスターソース	0.5g	1.5g
中濃ソース	0.3g	1g
トマトケチャップ	0.2g	0.5g
マヨネーズ	0.1g	0.3g
オイスターソース	0.7g	2.1g
みそ（米こうじみそ）	0.7g	2.2g
みそ（白みそ、甘みそ）	0.4g	1.1g
みそ（麦みそ）	0.6g	1.9g
みそ（豆みそ）	0.7g	2.0g
豆板醤	1.1g	3.2g
粉チーズ	0.1g	0.2g
和風だしの素（顆粒）	1.2g	3.6g
コンソメスープの素（顆粒）	1.3g	3.8g
コンソメスープの素（固形）	1個=2.5g*	
中華スープの素（顆粒）	1.2g	3.6g

＊コンソメスープの素（固形）は小さじ1ではなく1個5.3gに含まれる塩分量です。

監修　前田量子（まえだ りょうこ）

料理家。管理栄養士。前田量子料理教室主宰。
東京理科大学卒業後、織田栄養専門学校にて栄養学を学ぶ。東京會舘、辻留料理塾、柳原料理教室、ル・コルドンブルーにて料理を学ぶ。保育園や病院での勤務、カフェ経営を経て、調理科学に基づいた料理を教える教室を開く。「洋食」「和食＆中華」「お菓子」の年間コースを開催している。本格的なのに誰もが再現しやすく、調理科学に裏づけされたレシピ作りに定評があり、美しい盛りつけが好評。雑誌やテレビCM、企業へのレシピ提供なども多く手がける。

この本の使い方
* 小さじ1は5㎖、大さじ1は15㎖、1カップは200㎖です。
* 電子レンジの加熱時間は特に表記がない場合、600Wのものを使用しています。500Wの場合は1.2倍してください。機種や使用年数などによって、多少異なる場合があります。様子を見ながら加熱してください。
* フライパンは原則として、フッ素樹脂加工のものを使用しています。
* 温度や焼き時間は、機種、使用年数などにより異なるので、様子を見ながら調節してください。レシピの表記はあくまでも目安です。
* 野菜を洗う、皮をむくなどの手順部分は省いています。玉ねぎ、じゃがいも、にんじん、大根は、とくに表記がない場合は皮をむきます。また皮つきで使う場合は、その旨を表記しています。
* 本書掲載のレシピの塩分濃度は1％前後になっていますが、好みや生活習慣、体調などによって異なります。ひとつの目安として考えてください。

参考文献
『時代とともに歩む　新しい調理学　第2版』（編集・川端晶子、大羽和子、森高初恵／学建書院）、『NEW 調理と理論』（山崎清子、島田キミエ、渋川祥子、下村道子、市川朝子、杉山久仁子共著／同文書院）、『七訂 食品成分表2016』（女子栄養大学出版部）、「一般社団法人日本植物生理学会ホームページ」、「宝酒造株式会社ホームページ」、「木下製粉株式会社ホームページ」、「マルコメ株式会社ホームページ」

STAFF

表紙及び中ページ分
撮影　大井一範
調理　前田量子
スタイリング　石川美加子
調理アシスタント
楢山亜都子、清水涼子、田中友里

中ページ（五十音順）
調理　小田真規子、岸村康代、佐伯知美、堤人美、牧野直子、松本京子
撮影　主婦の友社写真課

装丁・デザイン・アートディレクション
加藤京子（Sidekick）
デザイン　我妻美幸（Sidekick）
編集　杉岾伸香（管理栄養士）

編集アシスタント
大井彩冬、崎川菜摘（主婦の友社）

編集担当　宮川知子（主婦の友社）

誰でも1回で味が決まるロジカル調理
2018年5月10日　第1刷発行
2019年5月31日　第6刷発行

編者　主婦の友社
発行者　矢﨑謙三
発行所　株式会社主婦の友社
　　〒101-8911　東京都千代田区神田駿河台2-9
　　電話　03-5280-7537（編集）
　　　　　03-5280-7551（販売）
印刷所　大日本印刷株式会社

© Shufunotomo Co., Ltd. 2018 Printed in Japan　ISBN978-4-07-429565-4

Ⓡ 本書を無断で複写複製（電子化を含む）することは、著作権法上の例外を除き、禁じられています。本書をコピーされる場合は、事前に公益社団法人日本複製権センター（JRRC）の許諾を受けてください。また、本書を代行業者等の第三者に依頼してスキャンやデジタル化することは、たとえ個人や家庭内での利用であっても一切認められておりません。
JRRC〈http://www.jrrc.or.jp　eメール：jrrc_info@jrrc.or.jp　電話：03-3401-2382〉
■ 本書の内容に関するお問い合わせ、また、印刷・製本など製造上の不良がございましたら、主婦の友社（電話 03-5280-7537）にご連絡ください。
■ 主婦の友社が発行する書籍・ムックのご注文は、お近くの書店か主婦の友社コールセンター（電話 0120-916-892）まで。
＊お問い合わせ受付時間　月〜金（祝日を除く）9:30〜17:30
主婦の友社ホームページ　http://www.shufunotomo.co.jp/